师范体育课程思政教学案例合集

范冬香　著

吉林大学出版社
·长春·

图书在版编目（CIP）数据

师范体育课程思政教学案例合集 / 范冬香著. 长春：吉林大学出版社，2024.5. -- ISBN 978-7-5768-0503-1

Ⅰ.G651

中国国家版本馆CIP数据核字第2024PX0097号

书　　名　师范体育课程思政教学案例合集
　　　　　SHIFAN TIYU KECHENG SIZHENG JIAOXUE ANLI HEJI

作　　者　范冬香
策划编辑　李承章
责任编辑　孙宇辛
责任校对　刘　丹
装帧设计　贝壳学术
出版发行　吉林大学出版社
社　　址　长春市人民大街4059号
邮　　编　130021
发行电话　0431-89580036/58
网　　址　http://www.jlup.com.cn
电子邮箱　jldxcbs@sina. com
印　　刷　凯德印刷（天津）有限公司
开　　本　787mm×1092mm　1/16
印　　张　6.5
字　　数　150千字
版　　次　2024年5月　第1版
印　　次　2024年5月　第1次
书　　号　ISBN 978-7-5768-0503-1
定　　价　45.00元

目　录

| 案例 1 |

基于OBE理念的“师范体育”教学案例设计与实践

一、教学目标

（一）知识目标

（1）“主动式探索”——自主收集以及探索OBE教学理念及素质拓展训练的理论知识，理解素质拓展训练项目融入“师范体育”课程的重要性以及价值性。

（2）“沉浸式体验”——通过素质拓展训练项目的融入，师范生在“师范体育”教学过程中，沉浸式体验素质拓展训练项目，在新颖的“OBE教学理念”的指引下，将“先行后知、知行合一”教育方法有效融合，力求让师范生沉浸式感受“师范体育”带来的心灵洗礼。

（二）能力目标

（1）“乐于学”——寓教于乐、愉悦身心，师范生在“师范体育”教学过程中，通过融入创新性的素质拓展训练项目，沉浸式感受“师范体育”课程的快乐，愉悦其身心。

（2）“善于教”——知行合一、学以致用，作为师范生不仅要掌握扎实的体育理论与实践知识，同时还要善于将所学知识运用到自身教学过程中，培育出丰硕的教学成果。

（三）思政目标

（1）“润物无声式”育人——在“师范体育”课程中融入“穿越电网、信任背摔、求生墙”等项目，引导师范生树立正确的人生观、价值观，激发师范生团队协作、顽强拼搏、敢于挑战自我、奋斗有我的信念以及提升全民族身体素质的责任感！

（2）“遍地开花式”成果——通过“师范体育”课程，注重“三全育人”，不仅注重课上育人，同时还鼓励师范生将所学知识耕耘到乡村振兴的广阔土地上，在“耕种”的过程中，加强师范生的体育素养、家国情怀、青春正能量和社会责任感，激励学生的创新意识，培养学生敢于担当、甘于奉献的大无畏精神。

二、教学重点与难点

（一）教学重点

（1）理解在“师范体育”课程中融入素质拓展训练的意义以及每项训练开展的具体技术要点。

（2）培养师范生形成团队的协作精神、规则意识、挑战者精神以及家国情怀和职业素养。

（二）教学难点

（1）力求让每位师范生都能在素质拓展训练中得到沉浸式的体验，并能总结、提炼、升华课程背后蕴含的思政元素。

（2）激励师范生将所学技能积极转化为实践成果，并能够将成果助力于乡村振兴以及农村普惠教育等课外项目。

三、教学设计

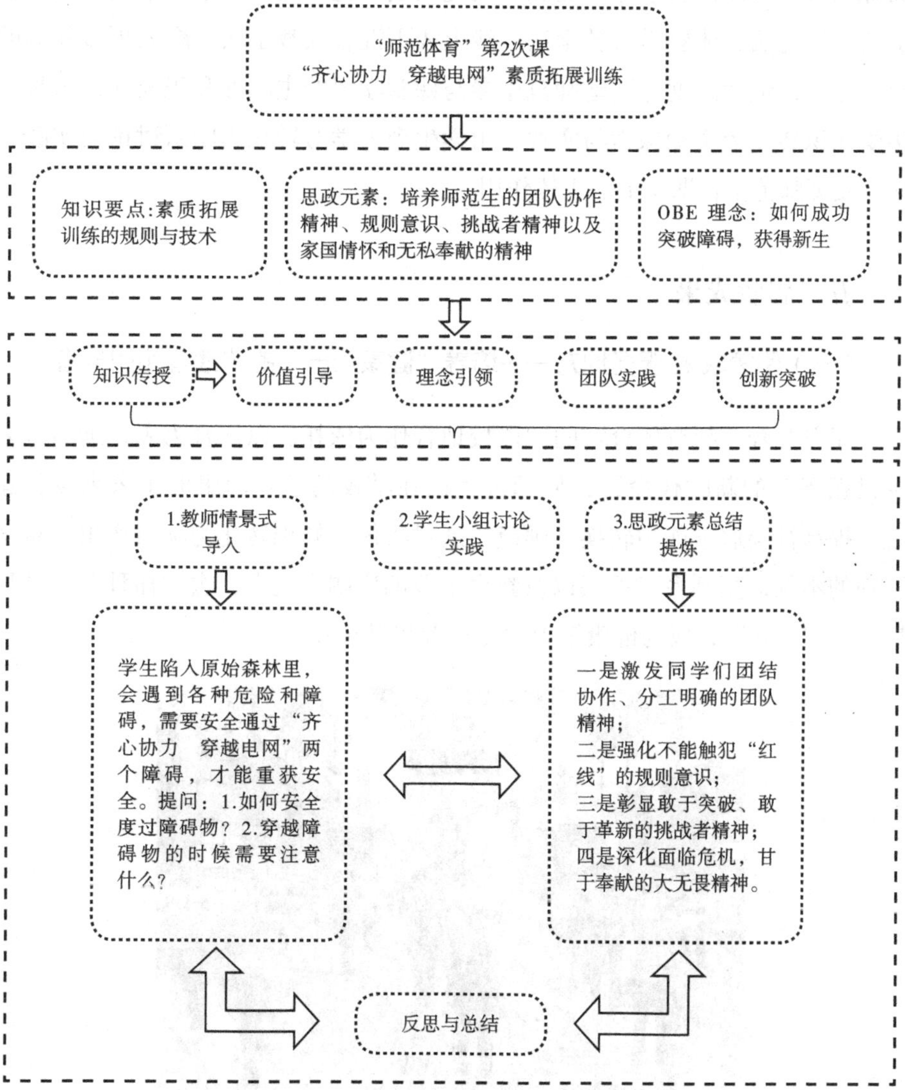

图1　“师范体育”典型案例教学思路设计图

四、教学方法

传统的“师范体育”采用的教学方法主要是讲授法，教师讲授学生学习，教学方法比较单一，重点突出教师的主导地位，忽视了学生的主体作用。因此，师范生学习的内驱力不够。在“师范体育”课程中融入素质拓展训练项目，可以使教学方法更加多元化及创新化，通过情景教学法、案例教学法、讨论法、体验学习教学法、线上线下混合式教学法，融入更多新颖的教学方法，最大限度地调动师范生参与课堂学习的主动性和积极性，由被动接受知识转化为主动探索与实践，由学生个人学习转化为团队讨论与实践，从而发挥师范生在课堂上的主体作用。

五、思政成果

（一）引领成效 服务地方——培养“健康第一”的传播者和引导者

深究融合“师范体育”的“以校地合作为依托、以体育为翼，助力未来乡村振兴”的新时代命题，使师范生由在学校的学习向服务于未来乡村建设、提高社会服务能力转换，师范生通过将体育知识转化为项目产出，将学习到的本领运用到乡村振兴以及教育事业的广阔土地上，去“播种”—“耕耘”—“收获”，成为健康知识的传播者和引导者。

图2 师范生在溪口未来乡村进行健康知识传播及指导

（二）课内课外 创新教学——培养“知行合一”的实践者和示范者

在“师范体育”课程教学中，注重培养师范生的模拟实践以及展示示范能力，使其将课堂上所学的理论知识转化为实践，并通过小组合作创编、研讨、展示等形式，最大限度地提高其“知行合一”的能力，同时鼓励师范生将课内知识拓展到课外，善于将所学知识通过自主消化、团队创新、现场实践等渠道输出，最终起到引领示范的作用。

图3 师范生在课堂上进行舞蹈展示及游戏创编

（三）以赛促教 师生共创——培养“开拓创新”的拼搏者和历练者

“师范体育”课程不仅注重课内的教学，同时也指导学生团队参加课外的教学竞赛，通过“以赛促教”，不断提高师范生的综合素质能力，将课堂上所学的知识运用到实践中，通过竞赛来促进师范生的综合素质能力发展，培养符合国家需要的复合型人才。

图4 衢州学院师范生在国家级以及省级比赛中取得优异成绩

（四）以体育人 德育为先——培养“快乐体育”的感召者和探索者

体育锻炼的不仅仅是体魄，同时还能让人心情愉悦，正如习近平总书记在2018年全国教育大会上强调的，体育课程要帮助学生在体育锻炼中“享受乐趣、增强体质、健全人格、锤炼意志”。作为师范生，更要培养其感受快乐、传播快乐的能力，在快乐中学习、在快乐中成长，拥有良好的心理素质是学习一切知识的基石，也是打开探索之门的钥匙。

图5 “师范体育”课程结业留念

●案例作业

课后分小组进行素质拓展训练项目中游戏环节的创编，小组成员在课堂上扮演“小老师”角色，进行现场试教，其他同学进行点评。

| 案例 2 |

健康中国背景下，运动损伤的预防及康复——SFMA

一、教学目标

（一）知识目标

（1）了解健康中国背景下，学习运动损伤预防及康复的必要性。

（2）了解选择性功能动作评估（SFMA）的定义以及评估标准，准确掌握并科学运用选择性功能动作评估的内容。

（二）能力目标

（1）根据测试过程中出现的问题，进行精准剖析，培养解决问题的高阶性思维能力。

（2）全面梳理已掌握的知识，建立解决问题所需的“信息库”，并能够将理论知识转换为实践运用的“知行合一”能力。

（三）思政目标

（1）充分运用启发、引导的方式，围绕所学知识，拓展师范生的思维，鼓励师范生勤于“寻疑”、敢于“存疑”、勇于“质疑”、善于“解疑”，引导师范生形成主动求知并投入实践的学习氛围。

（2）“学高为师、德高为范”，提高师范生的职业素养和爱国情怀，注重科学知识的传播，将科学知识转化于实践，服务于乡村普惠教育中，让教学资源匮乏地区的学生从中获益，为预防运动损伤、增强身体素质、提高国民体质、建设健康中国出谋划策。

二、教学重点与难点

（一）教学重点

（1）健康中国背景下的新理念与新举措。

（2）选择性功能动作评估的定义、标准及内容。

（二）教学难点

（1）科学地运用选择性功能动作评估知识，能够将理论知识转化为实践应用。

（2）师范生在健康中国背景下、在健康新理念的指导下，不断更新与储备体育知识，并将其运用于实践的过程中，体现自身的职业素养以及对教育事业的使命感与责任感。

三、教学设计

改变在传统教学过程中“下定义→讲含义→说道理→做练习”的僵化模式，不仅仅以“教会”为目的，而且通过“引新→设疑→分析→解疑→归纳”的“逆向”方式，引导师范生在教学过程中与教师充分配合、互动，最大限度地自主思考、分析、解决问题。以教会师范生“怎么学”“为什么学”“怎么用”为目标，以培养师范生多方位能力为出发点，按照“导入提问题→展开多思考→实践出真知→总结得能力”的方式进行教学组织，在教学过程中注重“细节”的处理，做到严谨“贯始终”，同时也要注重实践能力，因为实践是检验真理的唯一标准。

（一）图片导入，揭示课题

（1）展示：出示当前热门体育运动项目的图片与开展这些项目过程中发生损伤的图片，将二者进行对比。

（2）导入：目前比较盛行的运动形式有跑步、广场舞、健身房锻炼、健身操等，在这些体育活动如火如荼开展的同时，背后还隐藏着运动损伤的风险。如在健身房锻炼时发生损伤，甚至出现猝死事件；刘畊宏健身操，风靡全网，涌现出一大批“刘畊宏女孩”，但我们也会遗憾地看到，因盲目跟风而出现损伤的现象。根据以上现状，对大学生是否出现运动损伤进行问卷调查，结果显示：损伤率高达75%。

（3）提问：面对这样的困境，我们该如何选择适合自己的科学的运动方式？如何科学评估自身身体机能状况？如何规避运动损伤的发生？

（4）揭示本次课程主题：运动损伤的预防——选择性功能动作评估SFMA。

（二）展开新课

在明确运动损伤危害性的基础上，对如何进行运动损伤的预防，降低运动损伤的风险性的评估方法，展开教学。

1.SFMA 的定义

选择性功能动作评估（select functional movement assessment）是一种用来测量与动作模式有关的疼痛和功能不良的动作的方法。

2.SFMA 的评估标准

教师讲解评估标准，主要包括两大方面：一是功能是否正常，二是是否出现疼痛（图1）。功能正常是F，功能异常是D；疼痛是P，无痛是N。评估结果为两者组合。提问师范生：评估的最佳结果和最差结果分别是什么？得出：最佳结果是FN，最差结果是DP。

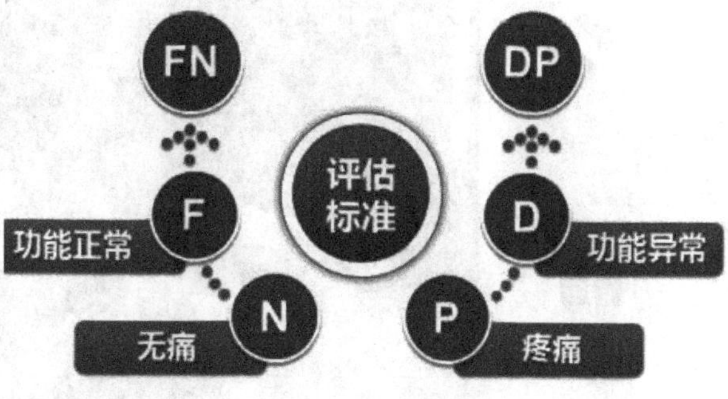

图1　SFMA的评估标准示意图

3.SFMA 的评估内容

SFMA评估的内容包括7种动作模式，具体如下。

（1）颈部动作模式评估：双脚并拢，双手放于体侧，颈部依次前屈、后伸、左右转动（图2）。

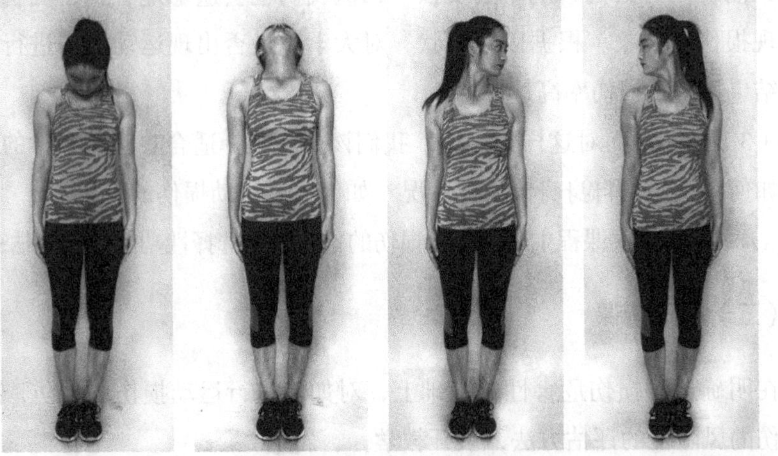

图2　颈部动作模式评估示意图

教师：示范讲解评估方法，提出评估标准；教师转换为受试者，由学生进行评估。

学生：师范生观察教师示范动作，并结合教师的讲解，进行思考、内化，转换为测试者，给出评估结果。

（2）上肢动作模式评估：双脚并拢，以右侧手臂为例，肩关节外展、外旋，触摸对侧肩胛骨的上缘；肩关节外展、内收，触摸对侧肩胛骨的下缘（图3）。

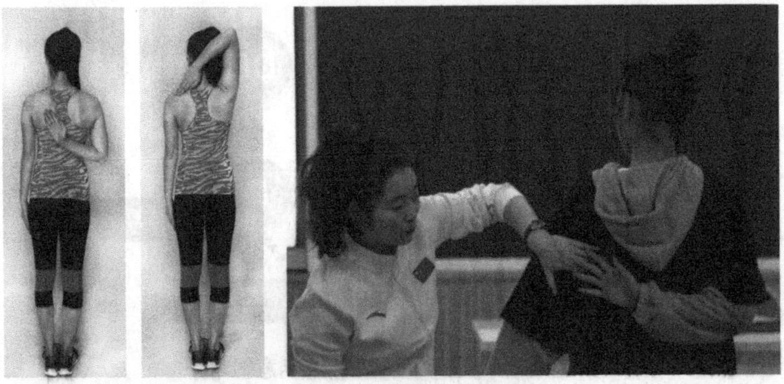

图3　上肢动作模式评估示意图

教师：以现实生活中出现的肩关节功能受限的图片进行案例分析，讲解肩关节的生理活动范围，对比引出上肢动作模式评估，请一位师范生进行评估动作示范。

学生：请一位师范生作为受试者，上台接受评估，其他师范生作为测试者，进行评估。

引发生成性问题：肩关节的评估结果会出现两种可能性，第一种是一侧是DN，一侧是FN；第二种是两侧都是FN。哪种评估结果存在的损伤风险性更大？师范生对两种可能性进行讨论，并请两位同学阐述不同的观点，教师总结答案。

（3）多环节屈曲动作模式评估：双脚并拢，后背部保持平直，髋关节最大限度向前弯曲，双手指尖向下触碰（图4）。

图4　多环节屈曲动作模式评估示意图

教师提问：评估目的是什么？请两位师范生上台成为受试者接受评估，教师进行口令指导，对比评估结果。

学生：师范生积极思考，总结出评估目的，两位师范生进行评估动作展示，其他师范生进行评估。

讨论：两位师范生动作不同，其他师范生讨论哪位师范生的动作更标准，并阐述原因。

生成性问题：评估结果的P（疼痛）在什么情况下会出现？合理区分刺痛感与肌肉拉伸产生的酸胀感的区别。

（4）多环节伸展动作模式评估：双脚打开，与肩同宽，双臂向上，掌心相对，髋关节最大限度向后伸展，在向后伸展的过程中，保持身体重心的稳定（图5）。

图5 多环节伸展动作模式评估示意图

教师：启发师范生观察动态图，归纳出评估目的，教师示范讲解评估动作，通过PPT内容以及教师自身示范讲解评估标准。请两位师范生接受评估，教师通过口令，对受试者进行评估。

学生：师范生观察，师生共同总结出该项评估的标准和注意事项，认真观察两位受试者的动作，并分别进行评估，师范生评估出两位受试者的结果并阐述原因。

生成性问题：通过评估结果，找出哪位受试者存在的损伤风险性更高，并指出存在损伤风险的部位。

（5）多环节转动动作模式评估：双脚并拢，双臂伸直与体侧呈45°角，掌心向前，上体最大限度向左侧以及右侧转动（图6）。

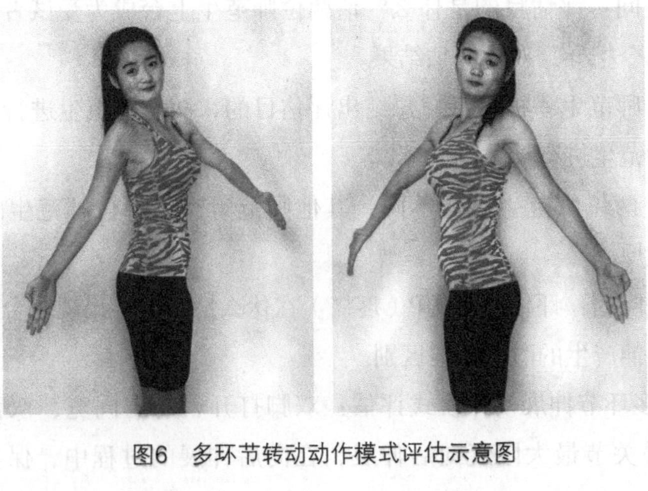

图6 多环节转动动作模式评估示意图

教师：示范讲解评估动作，引发师范生思考，评估的目的、评估的标准是什么，分别请两位师范生进行示范。第一位受试者由教师进行评估，第二位受试者请一位师范生来担任评估者，进行动作评估，教师讲解评估标准。

学生：受试者示范，其他师范生进行评估，发现评估出现不对称性问题时，师生总结出解决方案。一位师范生担任评估者，给受试者进行动作评估，并给出评估结果。

（6）单腿站立动作模式评估：以右侧腿支撑为例，双手放于体侧，抬起左腿，左侧腿大腿与上体垂直，左侧腿大腿与小腿垂直，睁眼保持身体稳定性10秒钟后，闭上双眼，保持10秒钟（图7）。

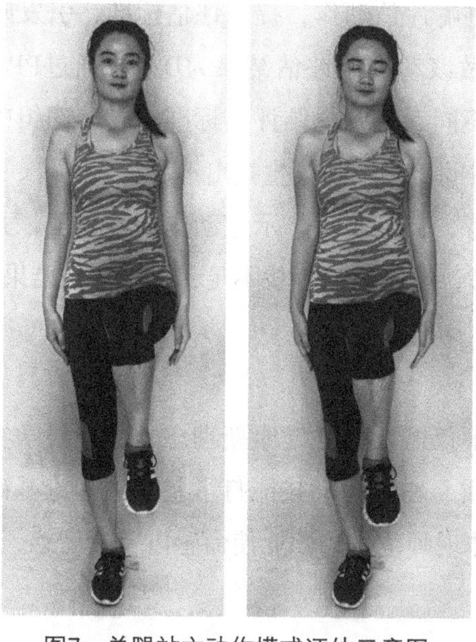

图7　单腿站立动作模式评估示意图

教师：讲解动作评估要领，请所有师范生进行动作评估。教师启发式提问睁眼的评估目的是什么？闭眼的评估目的是什么？

学生：所有师范生起立，按照教师的指令完成评估动作，并思考总结出睁眼以及闭眼的评估目的。

生成性问题：受伤后，应进行静养还是采取其他方法？引发师范生思考，并由师范生提出不同意见。

（7）双臂上举下蹲动作模式评估：双脚与肩同宽，双臂上举，掌心相对，屈髋屈膝，缓慢地向下深蹲，蹲到自身的极限位置停止（图8）。

图8　双臂上下深蹲动作模式评估示意图

教师：①示范讲解评估动作，提问评估标准，引发师范生思考；②引出案例——世界冠军做该动作的评估结果为D；③通过PPT鼓励师范生来“找茬”，找出动作的不同，教师总结评估标准；④从四组中各请一位受试者依次进行评估，教师发问，鼓励师范生找出不足。

学生：积极思考，仔细观察，示范动作的差异性，并分别对四位受试者进行评估，引发思考，小组讨论，找不足，给出评估结果。

（三）总结提炼

作为师范生，不仅需要树立健康新理念，掌握科学实用的预防损伤的方法，为提高身体素质、增强运动技能打下坚实的理论基础，还要将所学知识转换为实践，充分体现师范生的职业使命感以及责任感，让更多的人获益。

四、教学方法

为了避免教学方法的单一化，突显教师主导、学生主体的中心地位，应将多元化的教学方法融入课堂之中，将课程思政元素润物无声式地贯穿于课堂的始终，将讲授法、演示法、案例教学法、情景教学法、讨论法、体验学习教学法、对比分析法等多元教学方法融入7种评估内容中。

五、思政成果

在教学开展过程中，充分利用多媒体辅助教学，将预防运动损伤的方法——功能性动作评估系统（SFMA）的知识生动、直观地展示在师范生面前，提高师范生学习的积极性；课堂氛围活跃，掌声无数，通过世界冠军案例的引入，当师范生做到世界冠军都无法完成的评估动作时，课堂氛围达到高潮；整个教学过程采用问题导入、引导分析、实践互动、小组讨论等多种互动式的教学方法，充分引发师范生思考，提高了师范生的高阶性思维能力；为保证教学方法的多元化，加入案例分析法、情景教学法、讨论法、实践等方法，保证了教学效果。

●案例作业

课后实习，将选择性功能动作评估方法运用到实习单位（幼儿园、小学），在线上进行评估结果的反馈及讨论，并找出存在的损伤风险。通过布置课后作业，增强师范生了解知识—掌握知识—运用知识的自主实践能力，同时强化师范生的职业责任意识及使命担当！

SFMA 评估表

颈部动作模式一

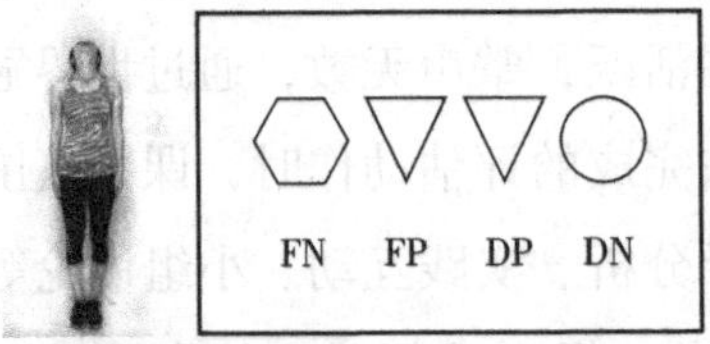

颈部动作模式二

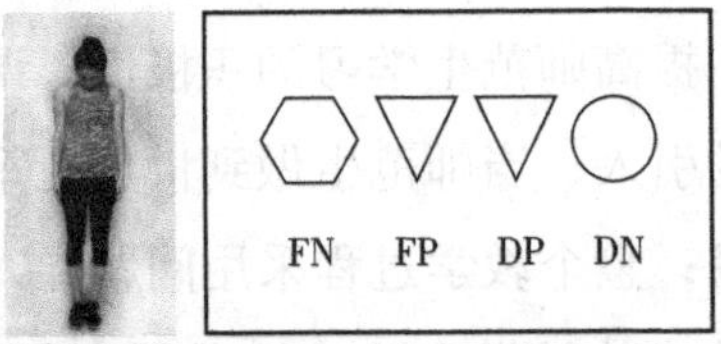

颈部动作模式三

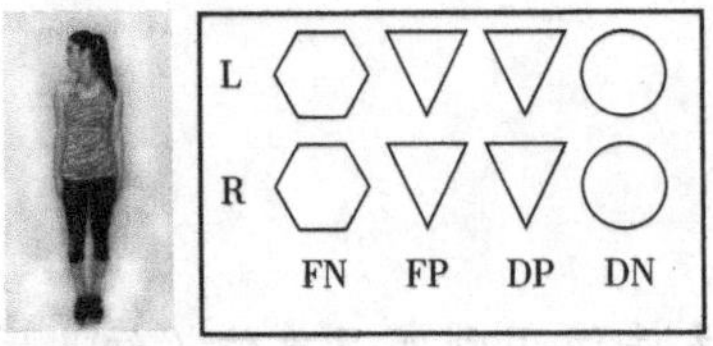

上肢动作模式一

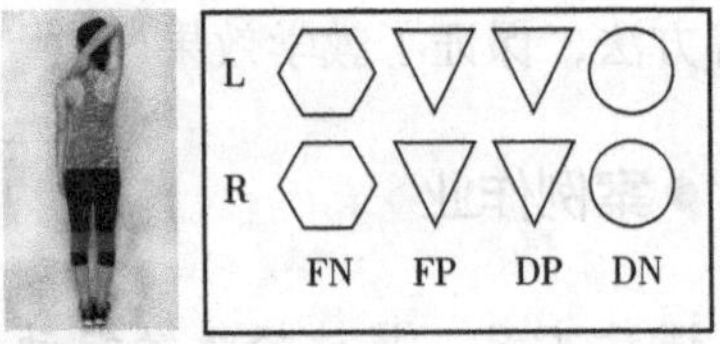

上肢动作模式二

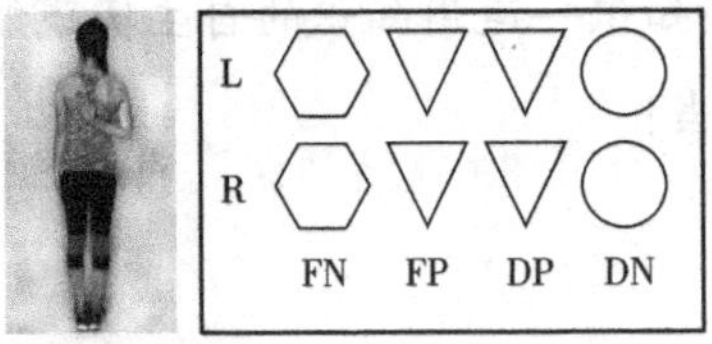

多环节屈曲

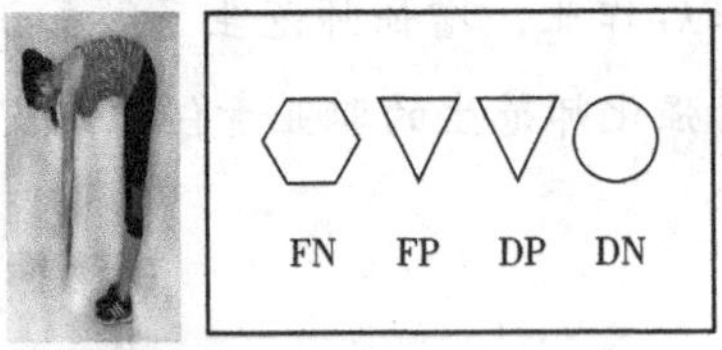

多环节伸展

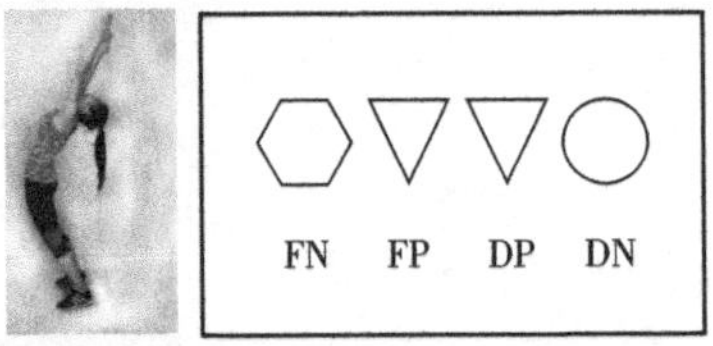

多环节转动

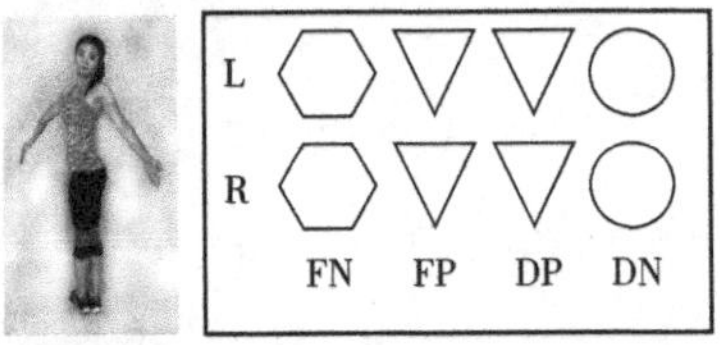

单腿站立

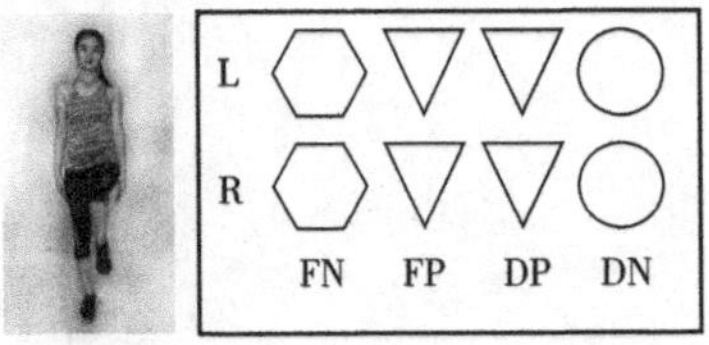

双臂上举下蹲

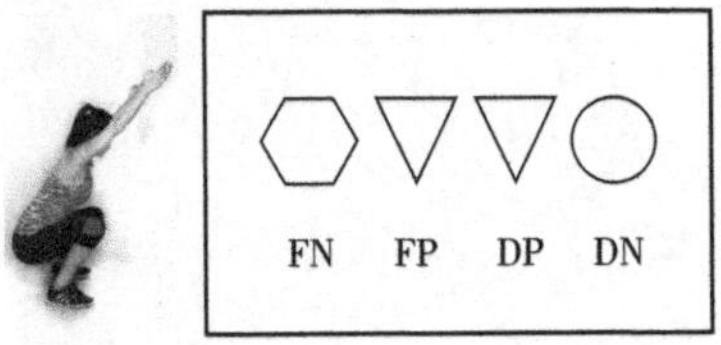

| 案例3 |

健康中国背景下，运动损伤的预防及康复——FMS（一）

一、教学目标

（一）知识目标

（1）理解在健康中国的大背景下，宣传运动损伤预防及康复相关知识的必要性与可行性。

（2）了解功能性动作筛查——FMS的定义、测试标准，并实现从方法的掌握到科学地运用。

（二）能力目标

（1）具备将所学的理论知识转换为实践的能力，以及对筛查过程中出现的问题进行全面分析、科学判断的能力。

（2）在运用预防运动损伤的测试方法时，要根据测试结果、损伤情况制订相对应的康复治疗方案。

（三）思政目标

（1）在健康中国的背景下，作为师范生，要知道如何实现自己的职业价值，将所学知识运用到乡村振兴、普惠教育的广阔舞台上，为树立健康新理念，践行健康新路径，贡献自身力量。

（2）师范生在学习过程中，需重视自身知识的积累，建立丰厚的知识库，才能具有发现问题、解决问题的能力。

二、教学重点和难点

（一）教学重点

（1）了解功能性动作评估系统的构成。

（2）了解功能性动作筛查的定义以及评估标准。

（二）教学难点

（1）科学地运用功能性动作筛查。

（2）在知识的学习和运用的过程中，树立健康中国的大局观，培养作为教师的责任感与使命感。

三、教学设计

在教学开展过程中，充分利用多媒体辅助教学，将预防运动损伤的方法——功能性动作评估系统的知识生动、直观地展示在学生面前，提高学生学习的积极性。

（一）图片导入，揭示课题

（1）展示：出示当前热门的体育运动项目的图片与开展这些项目过程中发生损伤的图片，将二者进行对比。

（2）讲解：当前我国群众体育如火如荼地开展。近两年，全国各大城市掀起了马拉松热，大叔大妈们热衷于在茶余饭后跳广场舞，大学生们更是喜欢在学习之余到健身房健身塑形。那么，在这些体育活动开展的背后，大家有没有关注到一些负面消息，如2016年广东清远马拉松，2万人参赛，接受救治的高达1.2万人次，被称为最“受伤”马拉松。还有很多健身房锻炼时发生的受伤，甚至是猝死事件。运动的意义是促进健康，为什么有许多参与体育运动的人群却失去健康了呢？

（3）提问：同学们，我们是否真的了解自己？我们双侧肩关节的灵活性，哪侧的更好？双腿支撑时，哪侧的稳定性更强？双侧踝关节的灵活性是否足以支撑我们参加马拉松长跑？如何在提高身体素质、增强运动技能时规避损伤的发生？

（4）揭示本次课程主题——功能性动作筛查FMS（一）

（二）展开新课

1. 功能性动作评估的内容

功能性动作评估主要包括功能性动作筛查（functional movement screen，简称 FMS）、选择性功能动作评估（select functional movement assessment，简称 SFMA）以及 Y 字平衡性测试（Y-balance）。

（1）FMS 的内容。

FMS 是由 7 个简单易行的动作模式构成的，通过 FMS 仪器对我们身体的基本动作模式进行筛查，测试身体是否存在损伤的风险。评估动作如图1所示。

①深蹲　②过栏步　③直线分腿蹲　④肩关节的灵活性

⑤主动抬腿　⑥躯干稳定性俯卧撑　⑦身体旋转稳定性

图1　功能性动作评估内容

（2）SFMA 的内容。

SFMA 是由 7 个简单又实用的动作模式组合而成的，能够自上而下地对身体各大运动关节的功能进行评估，并针对 FMS 测试过程中出现的疼痛部位，究其根源。评估动作如图2所示。

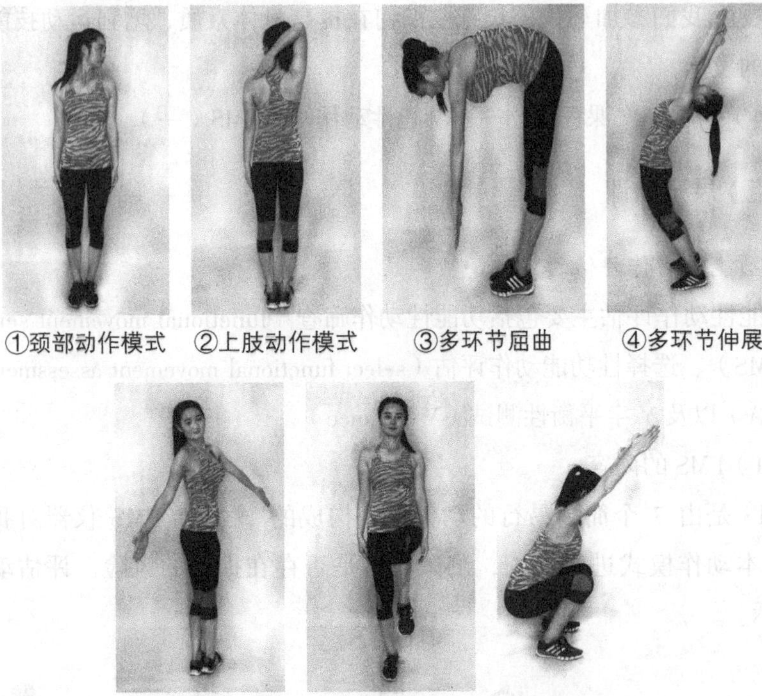

图2 选择性功能动作评估内容示意图

（3）Y 字平衡性测试（Y-balance）的内容。

Y-balance 测试是借助 Y-balance 仪器，对上肢以及下肢多方向的灵活性和对称性进行评估。评估动作如图3所示。

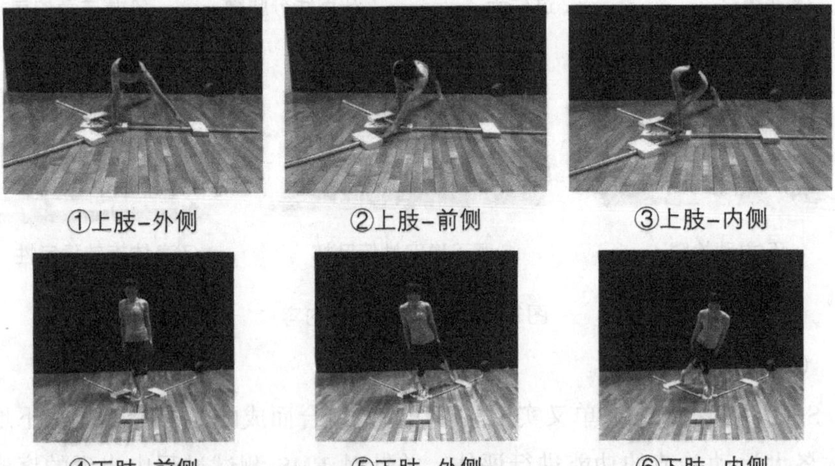

图3 Y 字平衡性测试的内容示意图

2. FMS、SFMA、Y-balance 三者之间的关系

提问：同学们，如果我们要进行一项体育运动，第一步需要进行什么测试，第二步是什么？

结论：进行体育运动之前，第一步要使用FMS，对我们的身体机能状态进行评估，筛查身体是否存在损伤的风险，测试结果达到14分以上，且未出现疼痛现象，可以进行更高层次的测试，运动表现能力的测试 —— Y 字平衡性测试（Y-balance）；如果 FMS 低于14分，且出现疼痛，需要进行 SFMA评估，进一步确认疼痛的根源所在，并提出针对性的纠正方法。

3. FMS 的定义

FMS即功能性动作筛查，是由美国矫正训练专家格雷·库克（Gray Cook）等人设计的，包含 7 个简单易行的动作模式，是一种筛查人体基本动作模式障碍或缺陷的方法，可以广泛用于各种人群的基础运动能力评价。

4. FMS 的评分标准

3分是指受试者能够高质量地完成动作；2分是指受试者能够完成整个动作，但完成质量不高；1分是指受试者无法完成整个动作或无法保持起始姿势；0分是指受试者在测试中出现疼痛。

教师强调：FMS评分的标准中，需要对0分情况予以重视，当受试者在测试过程中身体任何部位出现疼痛，测试都应停止。

5. FMS 的评估方法

教师主要从测试目的、测试方法、测试标准以及注意事项四个方面来进行讲解。

（1）深蹲测试：双脚与肩同宽，双手持测试杆，放于头顶，调整双臂的大臂与小臂呈垂直面后，双臂伸直，缓慢地深蹲，保持身体的稳定性。

教师讲解动作评估目的，突出该测试方法的神奇之处，即能够对我们的各大运动关节（肩关节、髋关节、膝关节以及踝关节）的对称性和灵活性进行测试，并鼓励两位同学上台与教师一起感受这个动作的神奇之处。同学们通过讨论、对比分析，找出三个示范动作的差异性，在有同学发现A同学的足跟抬起时，教师提出疑问：为什么在做深蹲动作时，会出现足跟抬起的现象？这是不是说明踝关节背屈灵活性不够，需要通过抬起足跟来完成测试动作？并引出当我们踝关节背屈活动度不足时，是否适合进行马拉松长跑项

目？将测试标准与参与的运动项目相结合，最后归纳出深蹲测试的评分标准，并强调注意事项。

（2）跨栏步测试：双手持测试杆，放于颈后，双脚脚尖紧贴测试板，眼睛平视前方，抬起左脚，越过红线，脚跟触地，再收回左侧腿。

教师讲完该测试的目的后，提问：同学们，测试栏架上皮筋的高度怎么确定呢？学生讨论，教师总结：皮筋的高度就是受试者主力腿小腿的长度，小腿长度是胫骨粗隆与足弓之间的距离。鼓励学生找一下自己的胫骨粗隆位置。教师进行动作示范，图片展示测试评分的标准，提醒注意事项。

（3）直线弓步蹲测试：双侧腿呈前后站位，站在测试板上，右脚在前，左脚在后，双手持测试杆于体后，保持头部、胸椎、腰骶椎接触测试杆，抬起后侧脚跟，屈膝下蹲，直至后侧膝关节触碰到测试板时停止。

教师讲解测试目的，并进行动作示范，鼓励学生讨论测试的评分标准，师生共同归纳测试的标准以及注意事项。

（4）肩关节灵活性测试：以右臂为例，双脚并拢，双臂放于体侧伸直，将拇指扣在四指之内，右臂在上，左臂在下，右臂外旋，左臂内旋，两臂在体后靠近，测量两拳之间的距离。

教师展示目前在日常生活中比较常见的肩关节功能受限的图片，并提问学生是否也出现过同样的问题，然后从身体解剖学以及运动力学的角度分析，肩关节正常的活动范围，从而提出因为数字难以记忆，所以将其动作化，然后介绍肩关节灵活性测试的方法、标准以及注意事项。并提示，肩关节还有附加测试，也称排除性测试。

（三）总结提炼

提问：这节课主要学习了什么内容？

课堂小结：通过本次课的学习，希望同学们能够了解功能性动作评估系统的各项内容及其关系，并能够掌握FMS（一）的方法，能够科学地将其运用到实践中，为预防损伤的发生、提高身体素质、增强运动技能，打下坚实的基础。

四、教学方法

整个教学过程采用问题导入、引导分析等互动式的教学方法，充分带动学生思考，为使教学方法多元化，加入了案例分析法、情景教学法、讨论法、体验学习等方法，保证了教学效果。在课堂教学结束后，布置课后作业，增强学生自主实践能力，同时提高同学之间的团队协作能力。

五、思政成果

面对师范生进行的体育教学，不仅仅要注重师范生运动理论知识的储备以及运动技能的掌握，更要培养师范生的责任意识和使命担当。通过在健康中国的大背景下，将课程思政教学元素润物无声般地融入课堂教学中，提高师范生的能力，从而能够将所学知识运用到普惠教育的广阔土地上，服务于未来乡村建设。特别是“定向生”，毕业后需扎根乡村任教。

●案例作业

线下分组进行评估，在线上进行评估结果的反馈及讨论，并找出存在损伤风险的原因。

功能性动作筛查评分表（一）

被试者姓名：________　锻炼起始时间：________

优势手：左侧/右侧　优势腿：左侧/右侧

测试动作	得分	评分标准		
		3分	2分	1分
1.深蹲	3 2 1 0	·上身与胫骨平行，接近垂直 ·股骨低于水平线 ·膝与脚成一条直线 ·木杆在脚的正上方	·上身与胫骨平行或在足跟下加踮木板 ·股骨低于水平线 ·膝与脚成一条直线	·躯干与胫骨不平行 ·股骨没有低于身体水平线 ·膝与脚不成一条直线 ·腰部明显弯曲
2.过栏步 厘米： 抬左腿 抬右腿	3 2 1 0 3 2 1 0 3 2 1 0	·髋、膝、踝成一条直线 ·腰部没有明显移动 ·木杆与栏架保持平行	·髋、膝、踝不成一条直线 ·腰部有移动 ·木杆与栏架不平行	·脚碰到栏板 ·身体失去平衡
3.直线分腿蹲 厘米： 抬左腿 抬右腿	3 2 1 0 3 2 1 0 3 2 1 0	·木杆仍保持与头、腰或骶骨接触 ·躯干没有明显移动 ·木杆和双脚仍处于同一矢状面 ·膝盖接触木板	·木杆不能保持与头、腰或骶骨接触 ·躯干有移动 ·双脚没有处于同一矢状面 ·膝盖不能接触木板	·身体失去平衡
4.肩部灵活性 厘米： 左肩上 右肩上 排除试验： 左肩、右肩	3 2 1 0 3 2 1 0 3 2 1 0 3 2 1 0 3 2 1 0	·距离在一个手掌长以内	·距离在一个到一个半手掌长	·距离超出一个半手掌长

总分：____/12，测试者：________

案例4

健康中国背景下，运动损伤的预防及康复——FMS（二）

一、教学目标

（一）知识目标

（1）了解健康中国大背景下，师范生在体育教学中学习运动损伤的预防及康复知识的重要性。

（2）了解功能性动作筛查的定义及评分的基础上，掌握功能性动作筛查的方法。

（二）能力目标

（1）经过学习，认识到功能性动作筛查对预防损伤发生的重要性，从而积极地将课堂上所学的理论知识转化为实践应用，并将科学的预防损伤的方法进行宣传推广。

（2）筛查方法的运用是为了规避运动损伤的发生，以及对已产生运动损伤的部位提供针对性的康复方法。在筛查方法的运用过程中，需要树立全局观念，打破传统“哪儿疼医哪儿”的局部治疗方案，将身体看作一个整体，才能够找出产生损伤的真正病因所在。

（三）思政目标

（1）体育教学不仅要注重师范生对体育理论知识以及运动技能的掌握，更多地是通过师范体育课程思政“如盐入汤”式的融入，提高师范生的职业使命感及归属感。

（2）师范生多为“定向生”，未来需扎根基层。培养师范生努力向下扎根，助力普惠教育，提高知识储备以及实践运用能力，在学生时代和职业生涯里，将所学知识运用到普惠教育中。

二、教学重点与难点

（一）教学重点

（1）理解功能性动作评估系统的内容及关系。

（2）了解功能性动作筛查的产生、作用以及评分标准。

（二）教学难点

（1）熟练掌握功能性动作筛查的方法，并能够将理论知识运用于实践。

（2）学习功能性动作筛查的方法，在运用的过程中激发师范生的职业使命感以及责任感，树立健康中国的大局观。

三、教学设计

（一）导入新课

通过博尔特的案例对比分析，引导学生认识运动损伤的威胁性、可预防性以及与自身的息息相关性，提出本次课的主题：运动损伤的预防——功能性动作筛查（FMS）。

（二）巩固知识

在明确运动损伤危害性的基础上，针对如何进行运动损伤的预防，降低运动损伤的风险性，甚至将其扼杀在摇篮中的方法，展开教学。教学内容主要包括四个方面：一是功能性动作评估系统的各项内容及其关系；二是功能性动作筛查的概述；三是功能性动作筛查的标准；四是功能性动作筛查的方法。

1. 运动损伤的功能性动作评估的内容

功能性动作评估主要包括功能性动作筛查（functional movement screen，简称 FMS）、选择性功能动作评估（select functional movement assessment，简称 SFMA）以及 Y 字平衡性测试（Y-balance ）。

（1）FMS 的内容。

FMS 是由 7 个简单易行的动作模式构成的，通过 FMS 仪器对身体的基本动作模式进行筛查，测试身体是否存在损伤的风险。

（2）SFMA 的内容。

SFMA 是由 7 个简单但是非常实用的动作模式组合而成的，能够自上而下地对各大运动关节的功能进行评估，并针对FMS测试过程中出现的疼痛部位，究其根源。

（3）Y-Balance 的内容。

Y-balance 测试是借助 Y-balance 仪器，对上肢以及下肢多方向的灵活性和对称性进行评估。

2. FMS 的概述

（1）FMS 的产生。

功能性动作筛查（functional movement screen，简称 FMS）是由美国矫正训练专家格雷·库克（Gray Cook）和训练专家李·布尔顿（Lee Burton）等人设计，并在 20 世纪 90 年代提出的，广泛应用于美国理疗康复和体能训练领域的一种测试方法，被应用于美国职业运动员运动能力评估，旨在发现人体基本动作模式或缺陷。

国家体育总局与美国EXOS体育专业机构展开合作，于2014年3月份组建了“备战 2016年里约奥运会身体功能运动训练团队”，并服务于国家队，在总结 2012 年备战伦敦奥运会的实践和理论的基础上，进一步引入了先进的运动功能诊断方法和物理治疗的方法体系，使其不断创新与发展。

（2）FMS 的作用。

通过 FMS 中 7 个动作模式的筛查，诊断人体主要运动环节中各个运动链功能性动作质量，确定人体各运动环节中存在的运动性障碍或错误的动作模式，为制订身体功能性康复训练计划提供参考依据。研究表明，FMS 测试总分在 14 分以下的受试者比总分在 14 分以上的受试者受伤概率更大；测试中有非对称性的受试者无论总分高低，其受伤概率都要比对称性受试者的受伤概率高 2.3 倍。[①]FMS 测试作为传统测试训练方法的补充，可以作为检测受试者潜在伤病并进行伤病预防训练的依据，用于提高受试者的运动能力和运动寿命。

（三）展开新课

1. FMS（二）的评估方法

教师主要从测试目的、测试方法、测试标准以及注意事项四个方面来进行讲解。

（1）主动直膝抬腿测试：测试者仰卧于测试垫上，双手放于体侧，将测试板放于测试者的腘窝处，以3分为例，将测试杆放于大腿中点与髂前上棘之间的位置，抬起左侧腿，右侧腿腘窝紧贴测试板（图1）。

教师再次提问：同学们，还记得老师在开始时，介绍的世界上跑得最快的人——博尔特，他是怎么受伤的吗？学生回答：大腿拉伤。通过提问的方式来讲解该测试的目的，对大腿腘绳肌的灵活性进行测试，教师利用图片讲解测试方法，然后对评分标准进行介绍。

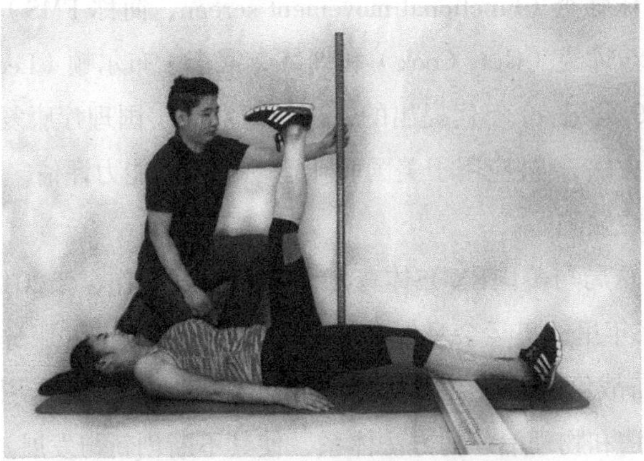

图1　主动直膝抬腿测试示意图

（2）躯干稳定性俯卧撑测试：测试者双脚与肩同宽，双手放于肩关节垂直点以下位置，身体呈平板状，通过核心发力，将躯干推起（图2）。

① GrayCook：《动作——功能动作训练体系》，张英波，梁林，赵洪波译，北京体育大学出版社，2011，第17页.

教师讲解测试的目的、方法、标准，并分析男生和女生的评分标准存在差异性的原因，最后询问测试过程中是否出现了疼痛的现象。还需要进行附加测试，也称排除性测试，若出现疼痛，则为0分，需要终止其他的测试，进行更全面的评估。

图2　躯干稳定性俯卧撑测试示意图

（3）旋转稳定性测试：以2分为例，测试者呈跪姿，将双侧脚、膝关节以及双手紧贴测试板，在教师指令的引导下，抬起右侧手臂，左侧腿，保持右侧手臂以及左侧腿部在一条对称线上，伸直后，停3秒钟，再屈膝屈肘，将右侧肘关节以及左侧膝关节在核心位置处进行触碰（图3）。

教师先讲解动作目的，因2分动作相对简单易行，教师先示范并讲解2分动作的要点，并邀请同学进行示范，其他同学观察并进行评分；教师讲解评分标准和注意事项。

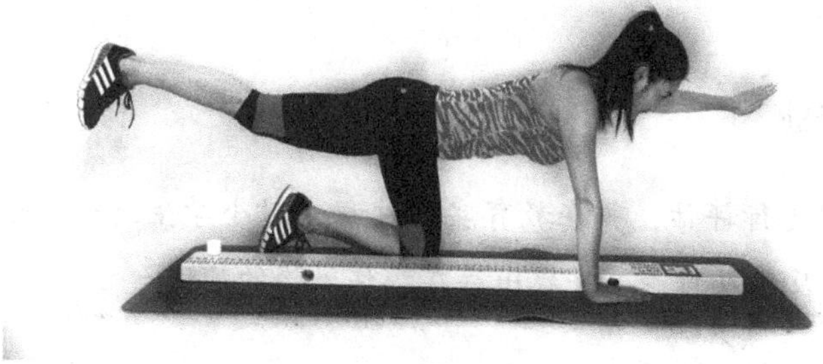

图3　旋转稳定性测试示意图

（四）总结提炼

提问：今天这节课主要学习了什么内容？

课堂小结：通过本次课的学习，希望同学们能够了解功能性动作评估系统的各项内容及其关系，并能够掌握FMS（二）的方法，将其科学地运用到实践中，为预防损伤的发生、提高身体素质、增强运动技能，打下坚实的基础。

四、教学方法

整个教学过程采用问题导入、对比分析等互动式的教学方法，激发学生主动思考，为使教学方法多元化，加入了案例分析法、 情景教学法、讨论法、体验式学习等方法，保证了教学效果。在课堂教学结束后，布置课后作业，增强学生自主实践能力，同时提高同学之间的团队协作能力。

五、思政成果

在健康中国的背景下，开展运动损伤的预防以及康复的方法——FMS（二）的教学，在教学过程中，不仅仅注重知识的传授、技能的实践，同时还注重课程思政元素的融入，将课程思政元素如春风化雨般融入课堂教学中，激发师范生的学习动力和职业的使命感与责任感。师范生在教育实习的过程中，将运动损伤的预防以及康复方法运用到实际教学中，获得单位教师的一致好评。

●案例作业

线下分组进行评估，并在教育实习过程中对小学生进行评估，在线上进行评估结果的反馈及讨论，并找出存在损伤风险的原因。

功能性动作筛查评分表（二）

被试者姓名：________　　体育锻炼起始时间：________

优势手：左侧/右侧　　优势腿：左侧/右侧

测试动作	得分	评分标准		
		3 分	2 分	1 分
1.主动抬腿 左肩上 右肩上	3 2 1 0 3 2 1 0 3 2 1 0	·标记点位于大腿中点与髂前上棘间	·标记点位于大腿中点与膝关节中点间	·标记点在膝关节以下
2. 躯干稳定性俯卧撑 排除性筛查： 脊柱伸展试验	3 2 1 0	·男运动员的拇指与前额成一条直线 ·女运动员的拇指与下颌成一条直线	·男运动员的拇指与下颌成一条直线 ·女运动员的拇指与锁骨成一条直线	·在降低难度的姿势下也无法完成动作或者出现动作代偿
3.体旋稳定性 左肩上 右肩上 排除性筛查： 跪撑屈腰试验	3 2 1 0 3 2 1 0 3 2 1 0	·运动员进行重复动作时躯干与木板保持平行 ·肘和膝接触时同木板在一条直线上	·运动员能够以异侧对角的形式正确完成动作	·失去平衡或者不能正确完成动作

总分：____/9，测试者：

| 案例5 |

健康中国背景下，运动损伤的预防及康复——踝关节

一、教学目标

（一）知识目标

（1）了解健康中国背景下，学习踝关节运动损伤的预防与康复的实用性以及重要性。

（2）掌握踝关节损伤的测试方法以及康复训练方法。

（二）能力目标

（1）通过学习，掌握踝关节损伤的测试方法，能够对自己以及他人的康复训练进行科学指导。

（2）针对踝关节功能受限，甚至已经出现损伤的同学，使其学会运用功能性康复训练方法，对损伤部位进行恢复性锻炼，为预防再次损伤打下坚实的基础。

（三）思政目标

（1）通过学习，能够使学生了解培德、增智、健体三位一体的概念，并勇于将理论知识转化为实践运用。

（2）以身作则，将科学的理论知识以及实践运用方法传播给更多的人，在运动之前，能够科学地预防踝关节损伤的发生，为已发生踝关节损伤的人群，提供科学的康复方法指导。

二、教学重点与难点

（一）教学重点

（1）了解功能性动作评估系统的内容及其相互关系。

（2）掌握功能性动作筛查的产生、作用以及评分标准。

（二）教学难点

（1）熟练掌握功能性动作筛查的方法，并能够将理论知识运用于实践。

（2）在健康中国背景下，在知识的学习和运用过程中，树立大局观，激发爱国情怀以及职业使命感。

三、教学设计

（一）导入新课

通过案例对比的方式，引导学生认识踝关节损伤的危害性、可预防性以及与自身运动的相关性，提出本次课的主题：运动损伤的预防——踝关节损伤的预防及康复训练。

（二）展开新课

在明确踝关节损伤的危害性的基础上，如何进行踝关节损伤的预防？让学生了解踝关节损伤的测试方法，降低踝关节损伤的发生概率，针对已发生踝关节损伤的人群，提出康复训练建议，并以此展开教学。

1. 踝关节损伤的测试方法

（1）双臂上举深蹲测试法：双脚打开，与肩同宽，双臂上举，掌心相对，缓慢深蹲，蹲到自身的极限位置停止，保持身体的平衡性（图1）。

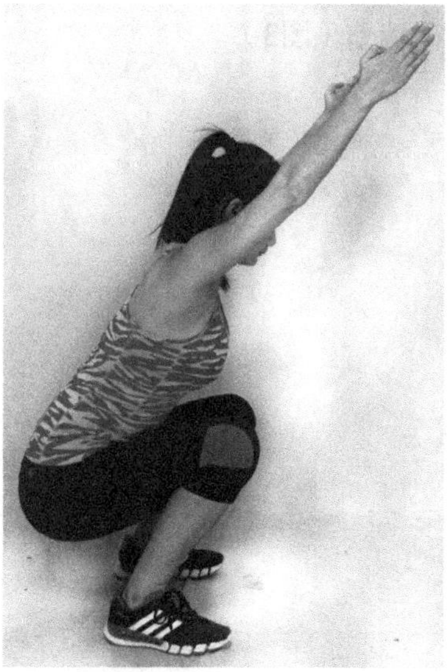

图1　双臂上举深蹲测试法示意图

（2）直线弓步蹲测试法：测量胫骨前肌到脚踝之间的长度，作为两脚之间的距离，以右脚在后为例，双脚呈直线立在测试板上，左脚在前，右脚在后，与之相对应的是右手在上，左手在下，双手持测试杆于颈后，将头部、胸椎、腰骶椎三点紧贴测试杆，缓慢下蹲，直至后侧膝关节触碰到测试板，保持身体的平衡性（图2）。

图2 直线弓步蹲测试法示意图

（3）踝关节闭链背屈测试法：双脚前后呈弓步，双手掌心推墙，前侧膝关节触碰墙壁，不断拉长前侧脚尖与墙壁的距离，直至前侧膝关节无法触碰墙壁（图3）。

图3 踝关节闭链背屈测试法示意图

（4）踝关节稳定性测试法：以右脚支撑为例，抬起左脚，左侧大腿与上体垂直，大腿与小腿垂直，脚尖勾起，双手放于体侧，睁眼保持10秒（图4）。

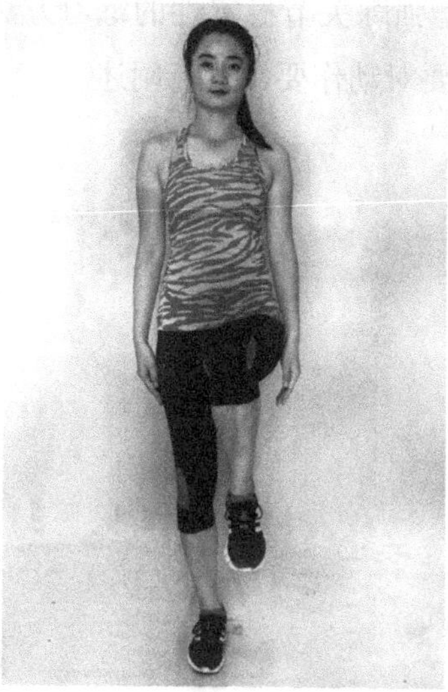

图4　踝关节稳定性测试法示意图

2. 踝关节损伤的康复训练

踝关节损伤的康复训练构成图如图5所示。

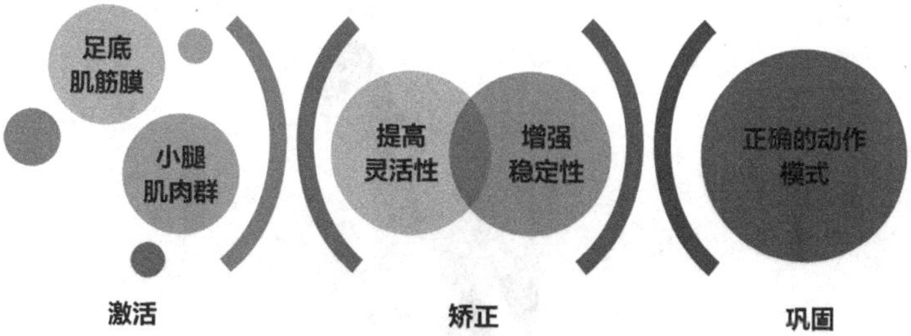

图5　踝关节损伤康复训练构成图

（1）激活：激活的方法包括棒球按压足底肌筋膜以及泡沫轴梳理小腿肌肉群（图6）。主要对动作要领进行阐述。

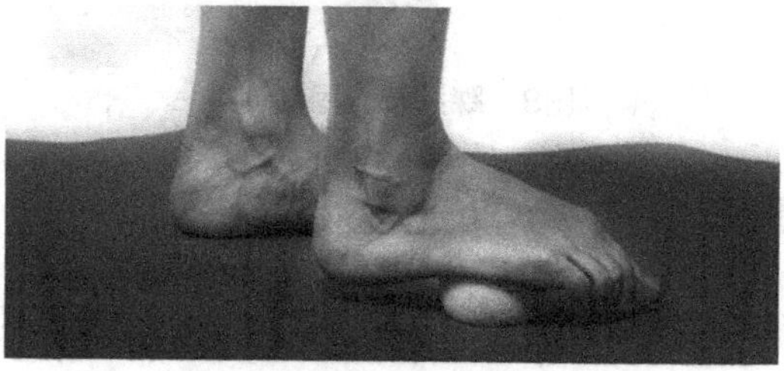

图6　棒球按压足底肌筋膜

（2）矫正：提高踝关节灵活性的练习方法主要包括踝关节背屈活动度以及旋转灵活性的练习；增强踝关节稳定性的练习方法主要包括提踵、不平衡垫上的练习（图7）。主要对动作要领进行阐述。

图7 踝关节纠正性训练法

（3）巩固：建立正确的动作模式，练习方法主要包括双脚起跳，单脚落地（图8）。主要对动作要领进行阐述。

图8 踝关节巩固性训练

（三）总结提炼

提问：这节课主要学习了什么内容？教师总结这节课的主要内容：同学们，在实际生活中踝关节损伤会给我们造成很多的不便，希望通过这节课的学习，大家能够了解踝关节损伤是可以预防的，更是能够避免的。同时，希望同学们能够熟练掌握预防踝关节损伤的测试方法及康复训练方法，并科学地运用到实践中。

四、教学方法

整个教学过程采用问题导入、引导分析等互动式的教学方法，充分提高学生自主思考的能力，为使教学方法多元化，提高教学效果，融入案例分析法、讨论法、体验学习等方法。为了让课程思政元素更好地融入课堂教学中，让学生能够做到入耳入心入行，采用了提问式、沉浸式以及情景式教学方法。

五、思政成果

（1）利用具体生动、影响力较广的案例来吸引学生的注意力，并将本节课要学习的内容通过“学习通”推送到学生手机上，学生课前可以预习、课后可以复习，便于学生自主开展学习以及知识的巩固和再提升。

（2）面对师范生进行的体育教学，不仅要注重师范生运动理论知识的储备以及运动技能的掌握，更要培养师范生的职业责任感和使命感，在健康中国的大背景下，带领师范生将所学知识运用到普惠教育以及乡村振兴的过程中，让课程思政教学元素润物无声式地贯穿课堂教学始终。

●案例作业

线下分组进行评估，在线上进行评估结果的反馈及讨论，并找出出现损伤的病因。

| 案例6 |

健康中国背景下，运动损伤的预防及康复——肩关节

一、教学目标

（一）知识目标

（1）理解在健康中国的背景下，提出的树立健康新理念，从治疗为主到生命全周期、健康全过程——预防、治疗、康养。了解在新理念的指导下，开展肩关节运动损伤预防及康复的必要性与可行性。

（2）掌握肩关节损伤的测试方法和康复训练的理论与操作。

（二）能力目标

（1）能够根据测试过程中出现的问题，全面梳理已掌握的知识，建立解决问题所需的“信息库”。

（2）能够科学地运用肩关节损伤的测试方法和康复训练法。

（三）思政目标

（1）帮助师范生在教学过程中树立健康中国、体育强国的大局观。

（2）引导师范生运用自身学习的知识回馈社会、扎根基层、培育其从事普惠教育的职业使命感以及对教师职业的认同感。

二、教学重点与难点

（一）教学重点

（1）了解肩关节损伤的测试方法。
（2）了解肩关节损伤的康复训练方法。

（二）教学难点

（1）科学地运用肩关节损伤的测试方法及康复训练方法。
（2）建立健康中国、体育强国的大局观。

三、教学设计

（一）导入新课

通过案例对比的方式，引导学生认识肩关节损伤的威胁性、可预防性以及与自身健康的相关性，提出本次课的主题：运动损伤的预防——肩关节损伤的预防及康复训练。

（二）展开新课

在明确肩关节损伤的危害性的基础上，如何进行肩关节损伤的预防？让学生了解肩关节损伤的测试方法，降低肩关节损伤的风险性以及将其扼杀在摇篮中的方法，并针对已出现的肩关节损伤的人群，提出康复训练的方法，以此展开教学。

1. 肩关节损伤的测试方法

（1）双臂上举深蹲测试法：双脚打开，与肩同宽，双臂上举，掌心相对，缓慢深蹲，蹲到自身的极限位置停止，保持身体的平衡性（图1）。

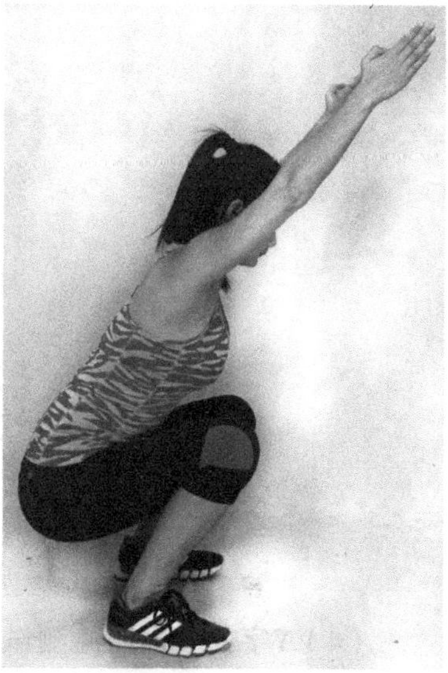

图1　双臂上举深蹲测试法示意图

（2）上肢动作模式评估法：双脚并拢，呈直立姿势，以右侧肩关节为例，右臂外旋、外展，越过头顶，触摸对侧肩胛骨的上缘位置，右侧肩关节外展、内旋，触摸对侧肩胛骨的下缘位置（图2）。

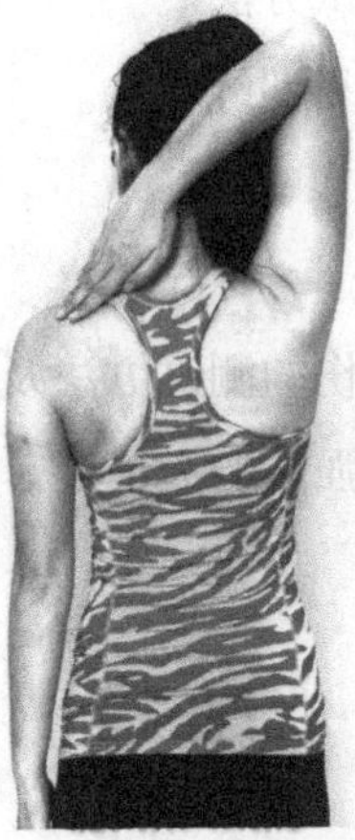

图2　上肢动作模式评估法示意图

（3）肩关节灵活性测试法：利用FMS的测试杆测量出右侧掌长（掌根至中指之间的长度），以右侧肩关节为例，双脚并拢，双手拇指扣在四指之中，右臂在上，左臂在下，利用测试杆测量两拳之间的距离，以此来评估肩关节的灵活性（图3）。

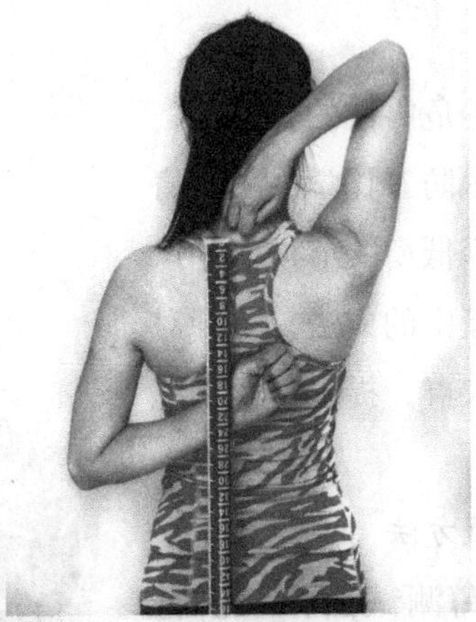

图3　肩关节灵活性测试法示意图

（4）Y字上肢平衡性测试法：以右手为例，右手支撑在Y字平衡器上，双脚打开，与肩同宽，身体保持平直，左侧手指依次推向Y字上肢平衡测试器的三个方向，以测试板上的距离来判断支撑手臂肩关节的灵活性及稳定性（图4）。

图4　Y字上肢平衡性测试法示意图

2. 肩关节损伤的康复训练

肩关节损伤的康复训练构成图如图5所示。

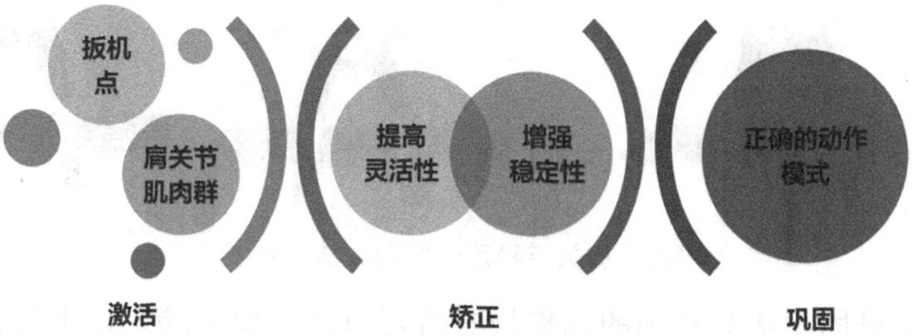

图5　肩关节损伤的康复训练构成图

（1）激活：激活的方法包括按摩放松肩关节周围的扳机点和运用泡沫轴激活肩关节周围肌肉群（图6）。

图6　肩关节激活法示意图

（2）矫正：一是提高肩关节灵活性的练习方法，主要包括腹式呼吸、肩关节肌肉群的拉伸、跪坐姿胸椎旋转活动度练习、肩关节主动内收练习；二是增强肩关节稳定性的练习方法，主要包括“T”字练习法、“Y”字练习法、“W”字练习法（图7、图8）。主要对动作要领进行阐述。

图7　肩关节灵活性练习方法示意图

图8　肩关节稳定性练习方法示意图

（3）巩固：建立正确的动作模式练习方法主要为瑞士球上屈伸肩练习（图9）。主要对动作要领进行阐述。

图9　瑞士球上屈伸肩练习方法示意图

（三）总结提炼

提问：这节课主要学习了什么内容？

教师总结这节课的主要内容：同学们，希望通过这节课的学习，大家能够了解肩关节损伤的可预防性以及肩关节损伤对我们造成的危害，掌握肩关节损伤的测试方法和康复训练方法，并能够科学地运用到实践中。

四、教学方法

本案例教学过程中采用问题导入、引导分析等互动式的教学方法，充分发挥学生在课堂教学过程中的主体性，为使教学方法多元化，提高教学效果，融入案例分析法、讨论法、体验学习等方法。为了让课程思政元素更好地融入课堂教学中，让学生能够做到入耳入心入行，采用了提问式、沉浸式和情景式教学方法。

五、思政成果

面对师范生进行的体育教学，不仅要注重师范生运动理论知识的储备和运动技能的掌握，更要培养师范生的责任意识和使命担当。通过在健康中国的大背景下，将课程思政教学元素润物无声般地融入课堂教学中，可以提高师范生的能力，从而能够将所学知识运用到普惠教育的广阔土地上，服务于未来乡村建设。特别是“定向生”，毕业后需扎根乡村任教。

●案例作业

以小组为单位，进行肩关节损伤的测试。

| 案例 7 |

先行后知 素质拓展——穿越电网

一、教学内容

穿越电网属于户外拓展训练活动中的一个团队合作项目，在全体队员面前悬挂一张电网，网上的洞口大小不一，要求队员在规定时间内，从网的一边依次穿越到达另一边。在穿越的过程中，身体的任何部位都不能触碰到网线。

二、教学目标

（一）知识目标

（1）理解队员间相互沟通的重要性。

（2）分析穿越电网的游戏规则，并在短时间内完成小组组员之间的有效沟通。

（二）能力目标

（1）能根据现场环境，快速做出反应，并能将理论运用到实践中。

（2）小组分工合作，敢于创新、勇于实践，培养团队协作的能力。

（三）思政目标

（1）通过沉浸式体验的教学方式，将同学们带入设定的情境中，提高学生面对危急情况，快速做出反应的能力。

（2）激发同学们甘于奉献的大无畏精神；通过思考如何在训练中用最短的时间救最多的人，锻炼沟通协调以及统筹规划的能力；将电网上的红线比喻成人生的“红线”，使学生坚定遵纪守法的信念，树立正确的人生观、价值观。

三、教学重点与难点

（一）教学重点

（1）掌握“穿越电网”技术。

（2）培养学生的团队协作精神、规则意识、挑战者精神、家国情怀和无私奉献的精神。

（二）教学难点

（1）规定时间内完成队员分工。

（2）让学生领悟家国情怀和无私奉献精神的重要性。

四、教学设计

改变在传统教学过程中教师讲解示范、学生模仿练习的被动教学模式，将“情景式、沉浸式”教学模式融入其中，利用反诈电影《孤注一掷》中的情景进行导入，设身处地地试想如果被骗入困境，如何运用团队力量在最短时间内让最多人获救，鼓励同学们沉浸式思考与体验，按照“情景式导入→提出问题→积极思考与实践→实践出真知→总结得能力”的形式进行教学组织，注重教学过程中的思政元素，真听真做真感受，通过最后集体总结，将思政元素入耳入心入行，使先行后知的教学理念贯穿课堂的始终。教学设计具体内容如下表所示。

<table>
<tr><td>教学主题</td><td colspan="5">学习“穿越电网”拓展训练技术</td></tr>
<tr><td>教学任务</td><td colspan="5">1.完成拓展训练的技术练习；2.强化团队精神、规则意识、挑战者精神；3.激发学生对生命的敬畏之情和无私奉献精神</td></tr>
<tr><td rowspan="2">教学部分</td><td rowspan="2">教学内容</td><td rowspan="2">组织教法</td><td colspan="3">运动负荷</td></tr>
<tr><td>次数</td><td>时间</td><td>强度</td></tr>
<tr><td>开始部分</td><td>1.集合整队，检查出勤人数
2. 师生问好，登记出勤情况
3.宣布本次课的内容和任务
4.检查着装，安排见习生</td><td>1.组织：四列横队
如图：**********
****
oooooooooo
oooooooooo
◎
要求：集合快静齐，声音洪亮
队形：密集队形
要求：上体保持正直，跟脚有力，动作整齐</td><td></td><td>2～3分钟</td><td>小</td></tr>
<tr><td rowspan="2">准备部分</td><td>1.热身游戏
“反应游戏”——随机喊数，不同的数字对应不同的动作。数字1代表顺时针并步跳；数字2代表逆时针并步跳；数字3代表原地纵向跳；数字4代表蛙跳；数字5～8代表几人成团抱</td><td>1.组织：以圆为单位
教法：教师随机喊出数字，学生快速做出反应
要求：学生注意力集中，快速做出与数字相对应的动作</td><td></td><td>3～4分钟</td><td>小</td></tr>
<tr><td>2.一般性准备活动
（1）肩部肌群、下肢肌群拉伸
（2）臀部肌群拉伸
（3）大腿前侧肌群拉伸
（4）小腿后侧肌群拉伸
（5）提踵（直膝+屈膝）
（6）开合跳+触地击掌跳</td><td>2.组织：同上
教法：跟着口令，教师镜面领做，学生集体练习，教师语言提示
要求：活动到位，充分激活、拉伸各部位肌肉群</td><td>每节4×8拍</td><td>4～5分钟</td><td>中</td></tr>
</table>

续表

基本部分	1.分组讨论口号及队名 全班分为4组，每组9~10人，运用团队智慧构思出队名与口号，并用洪亮的声音整齐地喊出来 2.学习“穿越电网”拓展训练技术  重点：穿越模拟电网时分工明确，不能触碰网线 难点：短时间内协调配合并分工明确	1.组织：四列横队 教法：教师规定时间，提出的口号及队名要具有拼搏精神、体育特色以及爱国情怀，积极并富有正能量 要求：学生团队合作，具有创新性和集体荣誉感 2.组织：四列横队 教法： a.教师设定情景：学生陷入诈骗集团，遇到各种危险以及障碍，需要顺利穿越电网，才能重获安全 b.教师依次讲解“穿越电网”拓展训练的要求、注意事项以及规则；学生由四小组合并为两大组，分别为黄队和蓝队，在规定时间内，两队中突破电网人数多者获胜 c.两队在规定时间内进行探讨并模拟实践，教师巡视指导 d. 组织两队学生分别在规定时间内进行比赛	依学生掌握情况而定	4~5分钟 20~25分钟	中
结束部分	1. 集合整队总结提炼 2.在抗疫歌曲《浙世界那么多人》伴奏下，组织学生拉伸 3.归还器材，师生道别	组织：以圈为单位，教师在圆心 教法：利用瑜伽动作，调整呼吸，拉伸上下肢肌肉群，动作舒展优美 要求：放松时保持心情平静		3~5分钟	小
场地器材	素质拓展训练基地 模拟电网、音响、秒表、哨子等	预计运动负荷	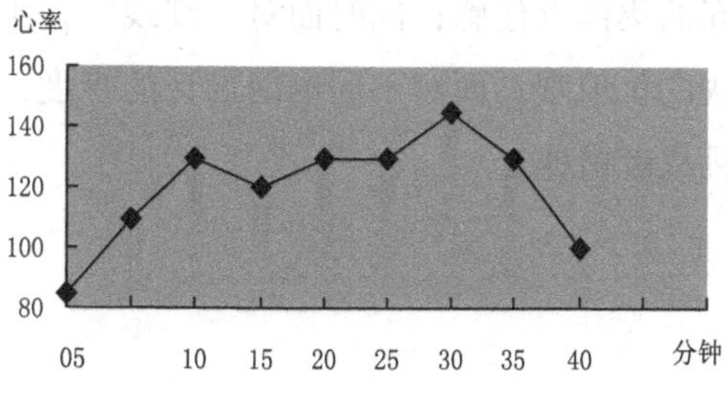		

续表

安全措施	1.课前检查场地器材 2.检查学生身体状况 3.安排见习生，实时关注动态 4.课上进行安全教育，语言提示	练习密度	30%~35%	预计心律	120~130次/分
课后小结	教学小结：通过在“师范体育”课程中导入素质拓展训练，在以“OBE——成果为导向”教育理念的指导下，通过融入情景教学法、案例教学法、讨论法、体验式学习、线上线下混合式等多样化、科学化的教学方法，最大限度地调动师范生参与课堂的积极性，激发其主体地位，并将课程思政内容浸润到课堂之中，将德育、智育、体育有机融合，培养优秀的师范生。 建议：在“师范体育”课程中加入素质拓展训练，素质拓展训练主要是一种体验式的学习，利用地面、中空、高空精心设置一系列新颖的项目，由于场地项目设置的器材较多，且对师范生具有极大的吸引力，所以课堂组织上要注意保证学生的安全，在教师的有序组织下开展教学活动。				

五、教学方法

本案例教学过程中主要采用情景式教学法、沉浸式体验法、小组讨论法、比赛法，充分发挥学生在课堂上的主体性，最大限度地激发学生在课堂教学过程中的积极性。通过沉浸式的体验、情景式的教学方法，增强课堂教学内容的趣味性。

六、思政成果

通过本次案例的教学，学生深刻感受到团队协作的重要性和不抛弃不放弃的集体责任感；同时面对“红线”，不能触碰，树立了严于律己、遵纪守法的价值观；面对不同电网设计的难度，培养了敢于接受挑战，迎难而上的挑战者精神。

案例8

先行后知　素质拓展——能量传输球

一、教学内容

能量传输球训练内容：队员们需在共同的努力下把一颗小球通过特制的管道运输到规定的地方，在运输的过程中，球不能落地，否则失败。该项目是一项考验团队合作能力和个人接受挑战的勇气的拓展训练活动，可以充分锻炼团队的凝聚力，个人的沟通协调能力、工作计划的严谨性和时间效率的控制能力及是否具备在规定时间内调动各种资源解决问题的能力。

二、教学目标

（一）知识目标

（1）理解队员间有效沟通的重要性。

（2）分析能量传输球的游戏规则，并在短时间内完成小组组员之间的有效沟通。

（二）能力目标

（1）根据所具备的游戏器材，理解游戏规则，快速投入实践。

（2）小组分工合作，敢于创新、勇于实践，培养团队协作的能力。

（三）思政目标

（1）营造有效沟通的良性团队氛围，小组合作出现问题时，应相互鼓励，而不是相互抱怨。

（2）敢于接受挑战，人人参与，培养在稳中求快的细节把控能力。

三、教学重点、难点

（一）教学重点

（1）掌握“能量传输球”技术。

（2）团队协作精神、有效沟通、规则意识。

（二）教学难点

（1）规定时间内完成队员分工，齐心协力解决问题的能力。

（2）能量球传输过程中，注意细节以及时间的把控能力。

四、教学设计

教学主题	学习“能量传输球”拓展训练技术				
教学任务	1.完成拓展训练的技术练习；2.强化团队精神、规则意识、挑战者精神				
教学部分	教学内容	组织教法	运动负荷		
			次数	时间	强度
开始部分	1.集合整队，检查出勤人数 2.师生问好，登记出勤情况 3.宣布本次课的内容和任务 4.检查着装，安排见习生	1.组织：四列横队 如图：********** ********** oooooooooo oooooooooo ◎ 要求：集合快静齐，声音洪亮 队形：密集队形 要求：上体保持正直，跟脚有力，动作整齐		2～3分钟	小

续表

准备部分	1.热身游戏 “贴烧饼”——将全班调整为圆形站位，1～2报数，报到1的同学站在报到2的同学的前方，报到2的同学原地不动，1与2为一组，每组之间留下一个空隙。选择两个人，一个作为追逐者，另一个作为被追逐者。被追逐者站在圆圈的中央，追逐者站在任意一组的后面	1.组织：以同心圆为单位 教法：游戏开始后，追逐者沿着圆圈快速追赶被追逐者，在跑步过程中，被追逐者跑到任意一组后面，此时，该组最前面的成员变成新的被追逐者，并沿着外圈快速奔跑。追逐者和被追逐者继续沿着圆圈跑，直到有人被抓住为止 注意在追逐中的安全问题，如有其他疑问请随时向教师提问 要求：学生注意力集中，快速做出相对应的动作。		3～4分钟	小
	2.一般性准备活动 （1）肩关节运动 （2）臀部“4”字拉伸 （3）弓步压腿 （4）最完美拉伸 （5）开合跳 （6）触地击掌跳	2.组织：同上 教法：跟着口令，教师镜面领做，学生集体练习，教师语言提示 要求：活动到位，充分激活、拉伸各部位肌肉群	每节4×8拍	4～5分钟	中
基本部分	1.分组讨论口号及队名 全班分为4组，每组9～10人，运用团队智慧构思出队名与口号，并用洪亮的声音整齐地喊出来	1.组织：四列横队 教法：教师规定时间，提要的口号及队名要具有拼搏精神、体育特色以及爱国情怀，积极并富有正能量 要求：学生团队合作，具有创新性和集体荣誉感	依学生掌握情况而定	4～5分钟	中
	2.学习“能力传输球”训练技术 规则：每一位学员手里只能拿一个引导槽，不可以一人拿多个引导槽，球要以接力的方式传递，不可以用引导槽端着球跑动。球在引导槽中只能向终点方向滚动，不可以逆向滚动。在球向前滚动时，不可以用其他物体将球拦住，导致球的滚动暂停。球在向前滚动时如果跑出管道掉到地面上，请重新开始。终点的杯子位置不可移动，学员不可以因为方向偏移，就去移动杯子的位置 重点：分工明确，短时间投入实践 难点：短时间内协调配合并高效合作	2.组织：四列横队 教法：教师讲解游戏步骤 （1）团队成员站成一排，每人一根引导槽；队伍的一端作为起点，另外一端作为终点，同时放置一个杯子；在起点的引导槽放置一个乒乓球，然后该队员使用引导槽将乒乓球传递给下一位队员；传递乒乓球不能用手碰，不能使其掉落，不能让其回流；最后一位队员将乒乓球传递到水杯中，就算成功 （2）教师讲解完游戏规则后，由4组队员在规定时间内进行探讨并模拟实践，教师巡视指导队员进行练习实践 （3）组织四组队员同时进行比赛		20～25分钟	

续表

结束部分	1.集合整队，总结提炼 2.在优美歌曲《万疆》的伴奏下，组织学生拉伸 3.归还器材，师生道别	组织：********** ********** oooooooooo oooooooooo ◎ 教法：利用瑜伽动作，调整呼吸，拉伸上下肢肌肉群，动作舒展优美 要求：放松时要心情平静		3~5分钟	小
场地器材	选择平整空旷的场地，项目开始前检查场地内是否有石块、木棍；分组备好需要用到的导引槽和能量球；教师准备好秒表、项目观察记录表；整理箱一个（存放队员身上的硬物，如眼镜、手表、手机等）	预计运动负荷	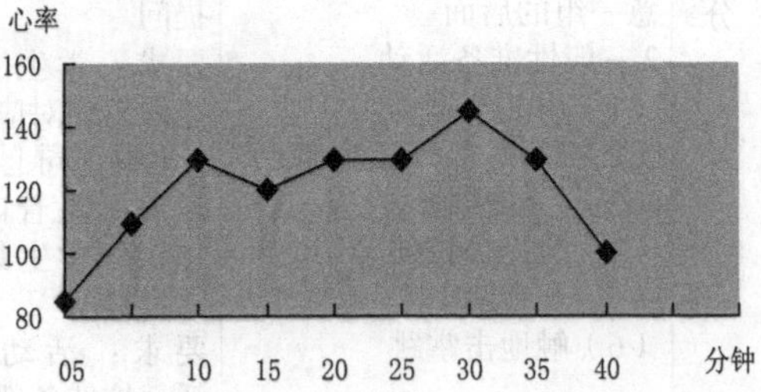		
安全措施	1.课前检查场地器材 2.检查学生身体状况 3.安排见习生，实时关注动态 4.课上进行安全教育，语言提示	练习密度	30%~35%	预计心律	120~130次/分
课后小结	教学小结：通过在“师范体育”课程中导入素质拓展训练，在以“OBE——成果为导向”教育理念的指导下，融入情景教学法、案例教学法、讨论法、体验式学习、线上线下混合式等多样化、科学化的教学方法，最大限度地调动师范生参与课堂的积极性，激发其主体作用的发挥，并将课程思政内容浸润到课堂之中，将德育、智育、体育有机融合，培养优秀的师范生。 建议：在“师范体育”课程中加入素质拓展训练，素质拓展训练主要是一种体验式的学习，利用地面、中空、高空精心设置一系列新颖的项目，由于场地项目设置的器材较多，且对师范生具有极大的吸引力，所以课堂组织上要注意保证学生的安全，在教师的有序组织下开展教学活动。				

五、教学方法

本案例在教学过程中融入情景教学法、案例教学法、讨论法、体验式学习、线上线下混合式教学等多样化、科学化的教学方法，最大限度地调动师范生参与课堂的积极性，激发其主体作用的发挥，并将课程思政内容浸润到课堂之中，将德育、智育、体育有机融合，培养优秀的师范生。

六、思政成果

本班级学生的学习氛围活跃，个性特色显著，创新能力强，但缺乏团队意识、规则意识和无私奉献的精神，因此在教学中结合拓展训练内容，以此来激发学生的团队协作能力、规则意识及无私奉献精神。

| 案例 9 |

先行后知　素质拓展——无敌风火轮

一、教学内容

无敌风火轮活动内容：小组合作将规定张数的报纸通过胶布加工为履带式的车轮，要求每组所有队员按照要求使风火轮行进到规定的目的地，用时少者获胜。这是一项激发团队勇于创新、敢于实践精神的素质拓展活动，在制作风火轮时，团队成员要紧密协作、分工明确、注重细节；在风火轮上“战场”时，激发每位队员的参与感以及团队协作性，使其步伐一致、手眼协调，整齐划一、争分夺秒地到达胜利的目的地。

二、教学目标

（一）知识目标

（1）理解制作无敌风火轮的原理。

（2）分析制作无敌风火轮的原理，并在短时间完成小组队员之间的有效沟通，充分调动每位队员的积极性。

（二）能力目标

（1）根据所具备的游戏器材，理解游戏规则，快速投入实践中，并注意对细节的处理。

（2）小组分工合作，敢于创新、勇于实践。在实践过程中，培养团队协作的能力，注重每位队员的参与感和动手能力。

（三）思政目标

（1）接受制作无敌风火轮任务后，要勇于创新、敢于实践。

（2）接受挑战，短时间内完成人员分工，每个人在制作无敌风火轮时都做自己力所能及的事，同时还需要一名把握整体规划和布局的策划师，在“蓝图”建好的基础上，小组成员齐心协力投入实践。

三、教学重点、难点

（一）教学重点

（1）掌握无敌风火轮技术。

（2）团队协作精神、有效沟通、动手实践能力。

（二）教学难点

（1）培养学生规定时间内完成队员分工，齐心协力解决问题的能力。

（2）无敌风火轮制作过程中，注意细节以及时间的把控能力。

四、教学设计

教学内容	学习“无敌风火轮”拓展训练技术				
教学任务	1.完成拓展训练的技术练习；2.培养学生敢于接受挑战、勇于创新的精神，以及注重细节、团队高效协作的能力				
教学部分	教学内容	组织教法	运动负荷		
			次数	时间	强度
开始部分	1.集合整队，检查出勤人数 2.师生问好，登记出勤情况 3. 宣布本次课的内容和任务 4. 检查着装，安排见习生	1.组织：四列横队 如图：********** ********** oooooooooo oooooooooo ◎ 要求：集合快静齐，声音洪亮 队形：密集队形 要求：上体保持正直，跟脚有力，动作整齐		2～3分钟	小

续表

准备部分	1.热身游戏 “纸牌风云”——全班站成S形1～4报数，报到1的为一组，以此类推，一共4组，每组一副A～K共13张的纸牌，每组出一名队员给下一组摆放纸牌，并在摆放好的纸牌前侧担任裁判	1.组织：以同心圆为单位 教法：每组队员依次站成一列，由第一位同学跑到本组的纸牌前，进行翻牌，翻牌顺序按照A～K依次翻开，如顺序不对，需将牌合上，跑回队里，与队友击掌后，由队员再出发，进行翻牌，最后以依次翻出13张牌，用时短者获胜 要求：学生注意力集中，快速记忆并与团队成员有效沟通		3～4分钟	小
	2.一般性准备活动 （1）颈部肌肉群拉伸 （2）肩关节绕环运动 （3）体侧运动 （4）侧并步跳 (5) 提踵（直膝+屈膝） （6）提膝击掌跳	2.组织：同上 教法：跟着口令，教师镜面领做，学生集体练习，教师语言提示 要求：活动到位，充分激活以及拉伸各部位肌肉群	每节4×8拍	4～5分钟	中
基本部分	1.分组讨论口号及队名 全班分为4组，每组9～10人，运用团队智慧构思出队名与口号，并用洪亮的声音整齐地喊出来。 2.学习“无敌风火轮”训练技术 规则： （1）所有队员站到始发点，教师为每队分发若干张报纸并配备胶带和剪刀； （2）每队将报纸粘贴到一起，做成一个大纸圈（风火轮），风火轮必须要做得足够大，能够容纳本队所有队员； （3）风火轮制作好后，每队的队员需要站到自己的风火轮上，向前移动，走过指定的距离； （4）游戏从制作风火轮开始，到最终驾驶风火轮到达终点结束，用时最少的为胜利者（建议距离为10米以上）。在驾驶风火轮期间，如果风火轮裂开，则必须返回出发点，修补完后，重新出发；	1.组织：四列横队 如图：********** ********** ◎ oooooooooo oooooooooo 教法：教师规定时间，提出的口号及队名要具有拼搏精神、体育特色以及爱国情怀，积极并富有正能量 要求：学生团队合作，具有创新性和集体荣誉感 2.组织：四列横队 如图：* o oooooooooo oooooooooo ◎ 教法： （1）教师讲解游戏步骤 集合团队，宣布项目名称、项目目标、项目规则；分组，确保人数、男女、体重情况均衡；制作道具，小组领取资料，分组进行设计、制作、演练	依学生掌握情况而定	4～5分钟 20～25分钟	中

续表

基本部分	（5）注意：拿到报纸等物品后，每队最好先分配工作，然后在最短的时间完成风火轮的制作，制作的风火轮最好大一点，不然容易被踩断；驾驶风火轮时，最好提前选出一个队长，且队长在最前面，掌握行走节奏并发出命令。 重点：无敌风火轮制作过程分工明确，短时间将创新性思维投入实践 难点：在队长的带领下协调配合并高效合作，在制作无敌风火轮过程中，注意对细节的把控，使无敌风火轮更加坚不可摧	（2）教师讲解完游戏规则后，由4组队员在规定时间内进行探讨并模拟实践，教师巡视指导队员练习 （3）组织四组队员同时进行比赛 （4）项目结束后小组进行分享，组员根据自己的角色，分别对自己以及其他成员进行评价			
结束部分	1.集合整队，总结提炼 2.在优美的歌曲伴奏下，组织学生拉伸 3.归还器材，师生道别	组织：********** ********** oooooooooo oooooooooo ◎ 教法：利用瑜伽动作，调整呼吸，拉伸上下肢肌肉群，动作舒展优美 要求：放松时要心情平静下来		3～5分钟	小
场地器材	平整的空地、报纸、剪刀、胶带、秒表、口哨	预计运动负荷	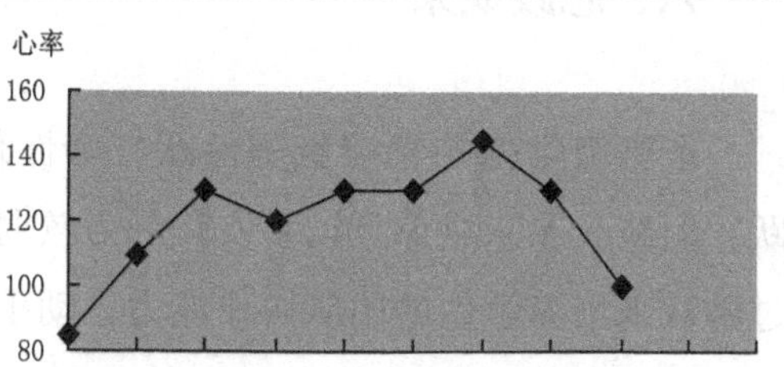		
安全措施	1.课前检查场地器材 2.检查学生身体状况 3.安排见习生，实时关注动态 4.课上进行安全教育，语言提示	练习密度	30%～35%	预计心律	120～130次/分

续表

课后小结	教学小结：通过在“师范体育”课程中导入素质拓展训练，在以“OBE——成果为导向”教育理念的指导下，融入情景教学法、案例教学法、讨论法、体验式学习、线上线下混合式等多样化、科学化的教学方法，最大限度地调动师范生参与课堂的积极性，激发其主体作用的发挥，并将课程思政内容浸润到课堂之中，将德育、智育、体育有机融合，培养优秀的师范生 建议：在“师范体育”课程中加入素质拓展训练，素质拓展训练主要是一种体验式的学习，利用地面、中空、高空精心设置一系列新颖的项目，由于场地项目设置的器材较多，且对师范生具有极大的吸引力，所以课堂组织上要注意保证学生的安全，在教师的有序组织下开展教学活动

五、教学方法

本案例在教学过程中采用情景式教学法，让学生沉浸式体验制作无敌风火轮的乐趣，通过分组讨论、团队实践的方法，充分展示出学生团队协作、自主创新、敢于实践的优秀品质。通过归纳总结法，由教师进行提问，学生自主回答，充分发挥学生的积极性以及课堂的主体性。同时通过学生自主的归纳总结，将本课的课程思政内容润物无声般地贯穿课堂教学的始终。

六、思政成果

本班级学生的学习氛围活跃，个性化特色显著，创新能力强，思维活跃，但缺乏团队意识且动手实践能力较弱，因此在教学中结合教学内容，通过游戏来培养学生的团队协作能力、动手实践能力。以下是本班级通过本次课的学习所获得的心得体会，具体如下：

同学A：参加无敌风火轮拓展训练，可以让我认识自身潜能，增强自信心，克服心理惰性，磨炼毅力，更为融洽地与群体合作，敢于表达自己的想法，还可以让团队成员步调一致、同心协力、共同前进。

同学B：如果没有团队精神，所有的训练项目都无法完成。如果一个团队的组成人员各行其是、我行我素、自私自利、不守纪律，势必会变成一盘散沙，相反，当这个团队面临艰巨任务或遇到困难时如果能坚定信心，同舟共济，在惊涛骇浪面前就能无所畏惧，就能完成别人无法完成的任务，就能顺利地到达胜利的彼岸。这次训练的过程中，所有的队员都为团队完成训练项目发挥了重要作用。正是由于大家严格要求自己，注重细节，一丝不苟，才顺利地完成了任务。

同学C：无敌风火轮拓展训练项目带给我的不仅是心理上的挑战，也给我带来了一笔精神上的财富。我为我能身在这样一个有默契的团队而感到荣幸，我相信，在我们这个大家庭中，无论接下来会面临怎样的困难，都能够手牵着手共同去克服，因为我坚信：团结就是力量！在这次拓展活动中，安排的训练注重团队精神，它的最大特点就是让我们群策群力，体现团队的集体智慧和团队的创造力。在本次拓展过程中，每个队的队员最应该注意的是如何组织、协调及配合好，而不是某个队员自己如何能做得更好，个体对团队的关注远远超过了其自身。

| 案例 10 |

先行后知　素质拓展——无轨电车

一、教学内容

无轨电车是以团队挑战为主的游戏，考察队员协调一致、团结协作的能力，提高学生的团队意识。队员两脚分别踩着两根木板，手提两根与木板连接的绳子或者把脚套在绳圈中，按照教练的命令前进或后退。在规定的时间内走完一段指定方向的路程。

二、教学目标

（一）知识目标

（1）理解无轨电车运行的原理。

（2）分析无轨电车运行的原理，并在短时间完成小组队员之间的有效沟通，充分调动每位队员的积极性。

（二）能力目标

（1）根据所具备的游戏器材，理解游戏规则，快速投入实践过程中，注重木桶原理。

（2）小组分工合作，在实践过程中，注重每位队员的参与感，培养团队协作的能力。

（三）思政目标

（1）团队协作、整齐划一，在整齐响亮的口号下，团队所有成员齐心协力向前迈进。

（2）有竞争就会有失败，有比赛就会有先后，在后面到达的队伍仍要稳中前进，一个人的慌乱会导致整个队伍前进节奏的混乱。

三、教学重点、难点

（一）教学重点

（1）掌握“无轨电车”技术。

（2）培养团队协作的精神、有效沟通的实践能力。

（二）教学难点

（1）规定时间内完成队员分工，培养学生齐心协力解决问题的能力。

（2）“无轨电车”前进过程中，充分发挥指导员的正确引导作用，指导员仔细观察队员在前进过程中出现的“短板”，并快速进行调整。

四、教学设计

教学主题	学习“无轨电车”拓展训练技术				
教学任务	1.完成拓展训练的技术练习；2.培养学生敢于接受挑战、注重细节的精神，及团队高效协作的能力				
教学部分	教学内容	组织教法	运动负荷		
			次数	时间	强度
开始部分	1.集合整队，检查出勤人数 2.师生问好，登记出勤情况 3.宣布本次课的内容和任务 4.检查着装，安排见习生	1.组织：四列横队 如图：********** ********** oooooooooo oooooooooo ◎ 要求：集合快静齐，声音洪亮 队形：密集队形 要求：上体保持正直，跟脚有力，动作整齐		2～3分钟	小

续表

准备部分	1.热身游戏 “捕鱼达人”——全班站成S形1~4报数，报到1的为一组，以此类推，一共4组，每组中推选一名同学出列，4组每组各推选1人，共4人，手牵手结成一张“网”，其他的同学扮演“小鱼” 2.一般性准备活动 （1）体转运动 （2）扩胸运动 （3）侧压腿运动 （4）最完美拉伸 （5）深蹲 （6）波比跳	1.组织：以同心圆为单位 教法：在教师规定的范围内，小鱼可以自由地游玩，但是要及时躲避“网”的抓捕，被逮到的小鱼，变成渔网，继续捕捉其他小鱼，在规定时间内，剩下鱼多的组胜 要求：学生注意力集中，快速躲避渔网的抓捕 2.组织：同上 教法：跟着口令，教师镜面领做，学生集体练习，教师语言提示 要求：活动到位，充分激活和拉伸各部位肌肉群	每节4×8拍	3~4分钟 4~5分钟	小 中
基本部分	1.分组讨论口号及队名 全班分为4组，每组9~10人，运用团队智慧构思出队名与口号，并用洪亮的声音整齐地喊出来 2.学习“无轨电车”训练技术 规则：（1）同学们按照轨道上绳的数量站好，余下的学员做安全员以及技术指导员。听到开始的口令后，比赛开始 （2）活动中要保持步调一致，遇到情况及时调整，如果调整不及时出现摔倒状况，要扔掉绳子，同时大声告诉队友停止前进 （3）不要把绳子缠绕在手上，失去平衡的时候要用脚向两侧踏，不要向中间踏 （4）人数多的时候建议一名教练负责一套电车，教练讲解要重点突出、语意清楚、反馈及时，确保同学清楚规则	1.组织：四列横队 如图：********** ********** ◎ oooooooooo oooooooooo 教法：教师规定时间，提出的口号及队名要具有拼搏精神、体育特色以及爱国情怀，积极并富有正能量 要求：学生团队合作，具有创新性及集体荣誉感 2.组织：四列横队 如图：* o oooooooooo oooooooooo ◎ 教法： （1）教师讲解游戏步骤 集合团队，宣布项目名称、项目目标、项目规则，小组分组，确保人数、男女、体重情况均衡 （2）教师讲解完游戏规则后，由4组队员在规定时间内进行探讨并模拟实践，教师巡视指导队员练习	依学生掌握情况而定	4~5分钟 20~25分钟	中

续表

<table>
<tr><td>基本部分</td><td>（5）首先分开练习，然后比赛。没有参与的学员一定要做好保护，同时注意观察自己的队伍有什么问题并及时改进
（6）如果有指挥，最好由参加活动的学员担任，不要在动作不默契的时候让旁观学员指挥
重点：无轨电车训练过程中分工明确，短时间内做到高度的统一
难点：在队长的带领下协调配合并高效合作，齐心协力迈向终点</td><td>（3）组织四组队员同时进行比赛
（4）项目结束后小组进行分享，组员根据自己的角色，分别对自己以及其他成员进行评价</td><td></td><td></td><td></td></tr>
<tr><td>结束部分</td><td>1. 集合整队总结提炼
2.在优美歌曲伴奏下，组织学生拉伸
3.归还器材，师生道别</td><td>组织：**********
****
oooooooooo
oooooooooo
◎
教法：利用瑜伽动作，调整呼吸，拉伸上下肢肌肉群，动作舒展优美
要求：放松时要心情平静</td><td></td><td>3～5分钟</td><td>小</td></tr>
<tr><td>场地器材</td><td>平整的空地、无轨电车、秒表、口哨</td><td>预计运动负荷</td><td colspan="3">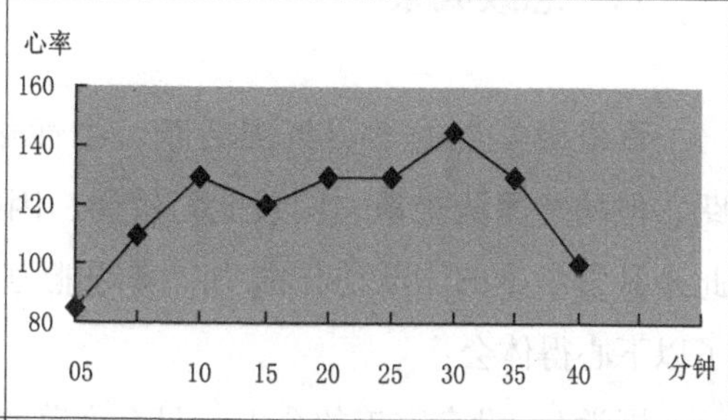
</td></tr>
<tr><td>安全措施</td><td>1.课前检查场地器材
2.检查学生身体状况
3.安排见习生，实时关注学生动态
4.课上进行安全教育，语言提示</td><td>练习密度</td><td>30%～35%</td><td>预计心律</td><td>120～130次/分</td></tr>
</table>

续表

课后小结	教学小结：通过在“师范体育”课程中引入素质拓展训练，在以“OBE——成果为导向”教育理念的指导下，通过融入情景教学法、案例教学法、讨论法、体验式学习、线上线下混合式等多样化、科学化的教学方法，最大限度地调动师范生参与课堂的积极性，激发其主体作用，并将课程思政内容浸润到课堂之中，将德育、智育、体育有机融合，培养优秀的师范生 建议：在“师范体育”课程中融入素质拓展训练，素质拓展训练主要是一种体验式的学习，利用地面、中空、高空精心设置一系列新颖的项目，由于场地项目设置的器材较多，且对师范生具有极大的吸引力，所以课堂组织上要注意保证学生的安全，在教师的有序组织下开展教学活动

五、教学方法

本案例在教学过程中采用线上线下混合式教学法，通过课前布置任务，鼓励学生自主学习本次案例的教学理论支撑，在课堂教学过程中，采用问题导入、情景式教学，激发学生学习的自主性和积极性，采用小组讨论法、实践法、沉浸式体验法等方法，保证了教学效果。

六、思政成果

该班级学生的学习氛围活跃，个性化特色显著，创新能力强，思维活跃，但缺乏团队意识，实践能力较弱，因此在教学中结合素质拓展内容，以此来激发学生的团队协作能力、实践能力。本次案例教学完成后，学生产生了以下心得体会：

同学A：没有完美的个人，只有完美的团队！

在“无轨电车”拓展活动中，我深刻地感受到该项目不是单凭一个人的智慧、体力就能很好地完成的，而是需要团结协作。它的最大特点就是让我们群策群力，一个人的成功不代表整个团队的成功，只有每个队员相互团结、相互帮助，相互信任，才能够完成团队的目标。在本次拓展项目的训练过程中，每个队的队员最关心的都是如何组织、协调及配合好，而不是只要做好自己的事就可以了，队员对团队的关注已远远超过了其自身！团队合作的精神更是发挥得淋漓尽致。

同学B：我们的团队已经成为一个团结、分工明确、相互信任的团队，无轨电车项目四组同时开展，这个项目对团队的一致性要求较高，只要有一人出错，步伐不一致，整个团队都会受到影响，大家谁都不愿意拖累集体，给集体抹黑，因此每个人的注意力都高度集中。在最开始的比赛环节，我们团队处于落后位置，但在后半程我们的口号声越喊越大，步伐也越来越快，不断地向前面的队员靠近，并在最后完成了超越，取得了第一名的好成绩。队友们拥抱在一起欢呼，集体荣誉感和自豪感在此刻达到了顶峰。在这个项目中我明白了分工明确、齐心协力、劲往一处使的重要性，领悟到了不到终点不放弃的坚持不懈精神。

案例11

先行后知　素质拓展——信任背摔

一、教学内容

信任背摔是素质拓展训练中最经典的项目之一，也是体验式学习项目中危险系数较高的项目之一。这是一个不依赖任何器械，完全靠队友来做保护完成的项目，它属于个人挑战和团队配合相结合的项目。每位同学依次站到背摔台上，背朝大家倒下来。这个项目虽然从操作的空间上看距离地面不是很远，但是由于对人的心理冲击比较大，也属于高风险项目，需要规范操作，保证安全。

二、教学目标

（一）知识目标

（1）通过在线上观看视频，了解信任背摔项目的技术要点以及注意事项。

（2）理解信任与责任的重要性。

（二）能力目标

（1）通过线上视频的观看学习，能够将理论转化为实践，站在高台上的同学需要完全信任自己的队友并且具有克服恐惧、敢于接受挑战的挑战者精神。

（2）站在高台下方接人的同学技术动作要正确，要与站在高台上的同学相互支撑，使其充满信心。

（三）思政目标

（1）体会相互信任与具有责任感的重要性，高度信任且轻松的环境是团队合作的基础，没有互相信任就不存在团队；彼此间责任感是团队走得更高更远的基石。

（2）建立换位思考的意识，站在对方的角度思考问题，架起相互之间理解的桥梁。

三、教学重点、难点

（一）教学重点

（1）“信任背摔”技术要点。

（2）形成团队协作、相互信任、换位思考的能力。

（二）教学难点

（1）敢于接受挑战，勇于站上高台的挑战者精神。

（2）站在高台上的同学倒下的时候，要充分相信自己的队友，将身体绷紧。

四、教学设计

教学主题	学习“信任背摔”拓展训练技术
教学任务	1.完成拓展训练的技术练习；2.培养学生相互信任、敢于接受挑战、换位思考、团队协作的能力

续表

教学部分	教学内容	组织教法	运动负荷		
			次数	时间	强度
开始部分	1.集合整队，检查出勤人数 2.师生问好，登记出勤情况 3.宣布本次课的内容和任务 4. 检查着装，安排见习生	1.组织：四列横队 如图：********** ********** oooooooooo oooooooooo ◎ 要求：集合快静齐，声音洪亮 队形：密集队形 要求：上体保持正直，跟脚有力，动作整齐		2～3分钟	小
准备部分	1.热身游戏 “松鼠与大树”——全班围成一个圆，顺时针1～3报数，报到1和3的同学手牵手当“大树”，报到2的同学为“小松鼠”，小松鼠需要在大树的怀抱里	1.组织：以同心圆为单位 教法： 第一个口令：自由人喊“松鼠”，大树不动，扮演“松鼠”的人必须离开原来的大树重新选择其他的大树，自由人扮演松鼠并插到大树当中，落单的人变成了新的自由人。第二个口令：自由人喊“大树”，松鼠不动，扮演“大树”的人必须离开原先的同伴重新组合成大树并圈住松鼠，自由人同时快速扮演大树落单的人变成新的自由人。第三个口令：自由人喊“地震”，扮演大树和松鼠的人全部打散并重新组合，扮演大树的人可以做松鼠，松鼠也可以做大树，自由人亦快速插入队伍当中，落单的人变成新的自由人		3～4分钟	小
	2.一般性准备活动 （1）肩部肌群、下肢肌群拉伸 （2）臀部肌群拉伸 （3）大腿前侧肌群拉伸 （4）小腿后侧肌群拉伸 （5）提踵（直膝+屈膝） （6）开合跳+触地击掌跳	2.组织：同上 教法：跟着口令，教师镜面领做，学生集体练习，教师语言提示 要求：活动到位，充分激活和拉伸各部位肌肉群	每节4×8拍	4～5分钟	中

续表

基本部分	1.分组讨论口号及队名 全班分为4组，每组9~10人，运用团队智慧构思出队名与口号，并用洪亮的声音整齐地喊出来	1.组织：四列横队 如图：********** ********** ◎ oooooooooo oooooooooo 教法：教师规定时间，提出的口号及队名要具有拼搏精神、体育特色以及爱国情怀，积极并富有正能量 要求：学生团队合作，具有创新性及集体荣誉感	依学生掌握情况而定	4~5分钟	中
	2.学习“信任背摔”训练技术 规则：（1）本项目为危险系数最高的项目之一，为保障队员生命安全，因此无论是倒下者还是接人者，全程必须严格按照教师所示动作要领执行 （2）所有队员在进行项目挑战前，需将身上硬物（如：眼镜、手表、手镯、手链、项链、手机、钱包，以及挂于腰部的钥匙、腰包、帽子等物件）全部取下，统一放置于整理箱中，以免项目训练过程中伤及队员和自身 （3）倒下的队员须谨记双手胸前平举、交叉紧握、反扣，两肘关节夹紧，双脚并拢、伸出背摔台1/3，头部微含，背部肌肉收紧，在倒下时身体一定要笔直，不得倾斜，手部不得异动，否则可能伤害队员及自己。（人在遇到危险时第一反应是躲避以及伸手去抓，所以接人者如遇到危险时躲避将导致倒下者严重受伤） （4）接人的队员在项目进行中，尤其是接人时需保持高度专注，眼睛需时刻关注即将倒下的队员以便随时反应，同时不得嬉笑玩闹。 （5）接人的队员在接到倒下的队员后，一定要待队友平稳站立后方可松手，否则极有可能使队员坠地受伤	2.组织：四列横队 如图：* o ooooooooo oooooooooo ◎ 教法： （1）教师讲解项目步骤，详细说明并示范“接”和“倒”的动作要领 （2）教师讲解项目的注意事项 （3）组织项目开始 （4）项目结束后小组进行分享，组员根据自己的角色，分别对自己以及其他成员进行评价		20~25分钟	

续表

结束部分	1.集合整队，总结提炼 2.在优美歌曲伴奏下，组织学生拉伸 3.归还器材，师生道别	组织：********** ********** oooooooooo oooooooooo ◎ 教法：利用瑜伽动作，调整呼吸，拉伸上下肢肌肉群，动作舒展优美 要求：放松时要心情平静下来		3～5分钟	小
场地器材	绑手布带一条、背摔垫子一个、整理箱一个（存放同学们身上的硬物：眼镜、手机、手表、手镯、发卡等）、背摔台	预计运动负荷	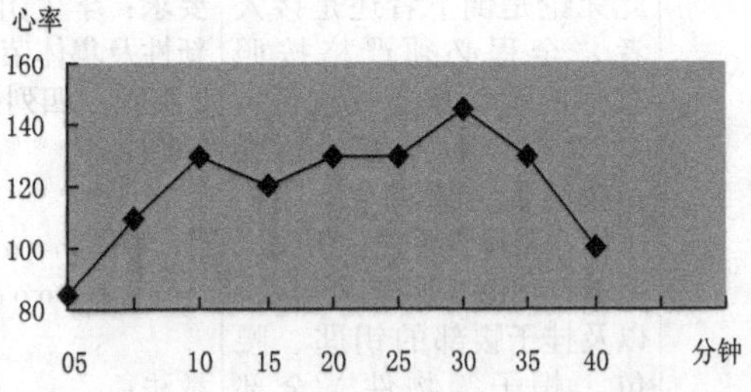		
安全措施	1.课前检查场地器材 2.检查学生身体状况 3.安排见习生，实时关注动态 4.课上进行安全教育，语言提示	练习密度	30%～35%	预计心律	120～130次/分
课后小结	教学小结：通过在“师范体育”课程中导入素质拓展训练，在以“OBE——成果为导向”教育理念的指导下，融入情景教学法、案例教学法、讨论法、体验式学习、线上线下混合式等多样化、科学化的教学方法，最大限度调动师范生参与课堂的积极性，激发其主体作用的发挥，并将课程思政内容浸润到课堂之中，将德育、智育、体育有机融合，培养优秀的师范生 建议：在“师范体育”课程中加入素质拓展训练，素质拓展训练主要是一种体验式的学习，利用地面、中空、高空精心设置一系列新颖的项目，由于场地项目设置的器材较多，且对师范生具有极大的吸引力，所以课堂组织上要注意保证学生的安全，在教师的有序组织下开展教学活动				

五、教学方法

本案例在教学过程中采用多元化的教学方法，主要包括案例分析法、情景教学法、讨论法、体验学习等方法，以此激发学生在课堂上的积极性，发挥学生在课堂教学过程中的主体性，同时将面对挑战、敢于克服自身恐惧、相互信任等思政元素润物无声般地贯穿课堂教学的始终。

六、思政成果

同学A：

表面上看起来很难的事，其实并没有想象中那么可怕。在学习、生活中，遇到困难并不可怕，怕的是失去解决困难的勇气和信心！心理的障碍是最难逾越的，如果我们要成为强者，就必须挑战恐惧，当我们豁出去一搏，勇敢地跨出一小步，也许就能抓住属于自己的机会，实现人生一大步的跨越。

同学B：

当台上的人问道："我要跳了，你们准备好了吗？"台下所有组成人床的同伴异口同声地回答"我们准备好了，请相信我们！"这就是承诺。团队同伴的承诺是一种宝贵的资源，是勇气、力量和信心的源泉。

承诺体现了一种责任感，当说出自己的承诺时，相当于把自己的人品、信任度、责任心置于公众的考验中。在人的一生中，有一些东西是值得誓死捍卫的。

同学C：

台下同学们坚定的眼神，精神高度集中的状态，能让台上同学抛开心中的担忧，坚定地躺下去，这体现了彼此间信任的作用。生活中以及学习中的相互信任，来自有效的沟通、了解和默契。在相互信任中，能感受到集体的温暖、团队的力量。

同学D：

沟通、群力决策很重要。一个人的成功不能代表整个团队的成功，只有团队成员群策群力，互帮互助，最终才能完成团队的目标。有很多事靠个人的力量根本无法完成，必须依靠集体的力量协同配合，这就是组建团队的意义和价值。一个团队成立时，一定要建立强有力的组织指挥体系，进行合理的分工和协作，才能保证团队工作有序地开展。

案例12

先行后知　素质拓展——同心鼓

一、教学内容

同心鼓运动（又称“同心协力”）是一种多人协作游戏，该游戏是在一个鼓面直径大约40cm、高度约22cm的鼓身上固定长度相同的绳子，沿圆周均匀分布。参与游戏的每个参赛队由8～10名队员组成。游戏开始时，每个队员牵拉一根绳子，保证鼓面水平。同时由一名队员将一个排球从鼓面中心上方竖直抛下，队员们齐心协力将球颠起，保证球每次被颠起的高度都距离鼓面40cm以上，在规定时间内颠球次数最多者胜出。

二、教学目标

（一）知识目标

（1）通过观看线上视频，了解同心鼓项目的技术要点以及注意事项。

（2）理解沟通、齐心协力、力往一处使的重要性。

（二）能力目标

（1）通过线上视频的观看学习，能够将理论运用于实践，队员之间需要在有限时间内做到相互信任，统一动作频率。

（2）队员之间需要不断地练习与磨合，进行有效沟通。

（三）思政目标

（1）体会相互信任与责任感的重要性，相互信任且轻松的环境是团队合作的基础，没有互相信任就不存在团队，责任感是团队走得更高更远的基石。

（2）培养学生团队协作、有效沟通的能力。同时，遇到挑战以及失误时，要相互鼓励，培养不抱怨、不放弃的坚持不懈良好品质。

三、教学重点、难点

（一）教学重点

（1）“同心鼓”技术要点。

（2）团队协作、有效沟通的能力。

（二）教学难点

（1）敢于接受挑战，面对挑战以及困境，具有不抱怨、不放弃的挑战者精神。

（2）培养队员不怕挫折、不断进取、勇于拼搏、争创佳绩的竞争意识，锤炼队员在经历挫折和身处压力环境下的心理承受力。

四、教学设计

<table>
<tr><td>教学主题</td><td colspan="5">学习“同心鼓”拓展训练技术</td></tr>
<tr><td>教学任务</td><td colspan="5">1.完成“同心鼓”拓展训练的技术练习；2.全体队员取长补短、团结协作完成共同目标；3.培养学员不怕挫折、不断进取、争创佳绩的意识；4.感受互相鼓励对完成任务的积极作用；5.认识每个人在团队中扮演的角色及其作用</td></tr>
<tr><td rowspan="2">教学部分</td><td rowspan="2">教学内容</td><td rowspan="2">组织教法</td><td colspan="3">运动负荷</td></tr>
<tr><td>次数</td><td>时间</td><td>强度</td></tr>
<tr><td>开始部分</td><td>1.集合整队，检查出勤人数
2.师生问好，登记出勤情况
3.宣布本次课的内容和任务
4.检查着装，安排见习生</td><td>1.组织：四列横队
如图：**********
****
oooooooooo
oooooooooo
◎
要求：集合快静齐，声音洪亮
队形：密集队形
要求：上体保持正直，跟脚有力，动作整齐</td><td></td><td>2～3
分钟</td><td>小</td></tr>
</table>

续表

准备部分	1.热身游戏 “滚雪球”	1.组织：以同心圆为单位 教法：全班站成S形1～4报数，报到1的为一组，以此类推，一共4组。4组同学呈4列队形站位，每队排在第1位的同学需要同时起跑，跑到距离起跑点30米的位置，绕过标志杆，跑回起点，拉起第二位同学的手，继续向前跑，以此类推，直到每组最后一位同学完成。每组的队员人数、起跑距离相同，用时少者获胜		3～4分钟	小
	2.一般性准备活动 （1）肩部肌群、下肢肌群拉伸 （2）臀部肌群拉伸 （3）大腿前侧肌群拉伸 （4）小腿后侧肌群拉伸 （5）提踵（直膝+屈膝） （6）开合跳+触地击掌跳	2.组织：同上 教法：跟着口令，教师镜面领做，学生集体练习，教师语言提示 要求：活动到位，充分激活拉伸各部位肌肉群	每节4×8拍	4～5分钟	中
基本部分	1.分组讨论口号及队名 全班分为4组，每组9～10人，运用团队智慧构思出队名与口号，并用洪亮的声音整齐地喊出来	1.组织：四列横队 如图：********** ********** ◎ oooooooooo oooooooooo 教法：教师规定时间，提出的口号及队名应具有拼搏精神、体育特色以及爱国情怀，积极并富有正能量 要求：学生团队合作，具有创新性及集体荣誉感	依学生掌握情况而定	4～5分钟	中
	2.学习“同心鼓”训练技术规则： （1）全体队员（除身体原因之外）必须全员参加，一人放球，其他人拉绳颠球 （2）颠球时队员的手只能拉绳端拉手处，不允许擅自缩短绳的长短，或拉绳子导致中断等（练习时为寻找颠球感觉除外） （3）球颠起的高度不低于20厘米，否则此球不计数 （4）颠球开始后鼓不得落地，球飞离鼓面后，不得将鼓摔落在地上，放下要慢 （5）由队长猜拳决定PK的顺序，每次挑战颠球数超过5个（包括5个）为有效挑战记录成绩，如该次挑战有效颠球数没有超过5个，为无效挑战，可重新挑战	2.组织：四列横队 教法： （1）教师将队员带到场地上，集合队伍，一队站成一个横排，以U字形（或正方形）面向教师站立。教师环视一遍所有的队员，然后对大家说：“各位亲爱的同学大家好，我们接下来要做的这个项目叫同心鼓，这是一个团队挑战类的项目，每人手拉长绳用鼓面将排球连续颠起，看哪个队能创造更多的颠球纪录，每个队都有10分钟的练习时间，10分钟后，每个队有三次挑战机会，取成绩最好的一次为最终成绩。”		2～25分钟	

续表

基本部分		（2）教师讲解注意事项：一是移动时注意安全，练习时移动遇到障碍，停下来重新开始；二是将随身物品放在整理箱中，以免掉落导致人员受伤；三是鼓不得摔向地面，要爱惜训练器材；四是绳子均拉于手中，避免垂向地面，防止移动时绊倒 （3）组织项目开始。练习时间10分钟，10分钟后4组进行比赛 （4）项目结束后小组进行分享，组员根据自己的角色，分别对自己以及其他成员进行评价			
结束部分	1.集合整队，总结提炼 2.在优美歌曲伴奏下，组织学生拉伸 3.归还器材，师生道别	组织：********** ********** oooooooooo oooooooooo ◎ 教法：利用瑜伽动作，调整呼吸，拉伸上下肢肌肉群，动作舒展优美 要求：放松时要心情平静		3～5分钟	小
场地器材	1.选择平整空旷的场地，项目开始前检查场地内是否有石块、木棍等 2.根据组数，每组备好栓有14～18根绳子拉手的鼓一个，排球或同类用球一个 3.教师准备秒表、项目观察记录表 4.整理箱一个（存放队员身上的硬物：眼镜、手机、手表等）	预计运动负荷	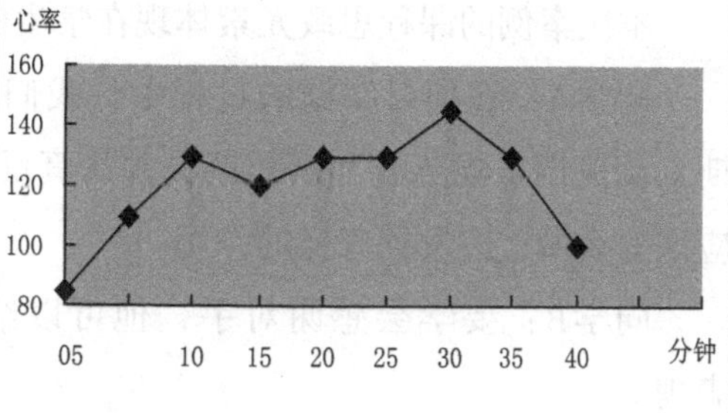		
安全措施	1.课前检查场地器材 2.检查学生身体状况 3.安排见习生，实时关注动态 4.课上进行安全教育，语言提示	练习密度	30%～35%	预计心律	120～130次/分

续表

课后小结	教学小结：通过在“师范体育”课程中导入素质拓展训练，在以“OBE——成果为导向”教育理念的指导下，融入情景教学法、案例教学法、讨论法、体验式学习、线上线下混合式等多样化、科学化的教学方法，最大限度地调动师范生参与课堂的积极性，激发其主体作用的发挥，并将课程思政内容浸润到课堂之中，将德育、智育、体育有机融合，培养优秀的师范生 建议：在“师范体育”课程中加入素质拓展训练，素质拓展训练主要是一种体验式的学习，利用地面、中空、高空精心设置一系列新颖的项目，由于场地项目设置的器材较多，且对师范生具有极大的吸引力，所以课堂组织上要注意保证学生的安全，在教师的有序组织下开展教学活动

五、教学方法

本案例在教学过程中采用问题导入、引导分析等互动式的教学方法，充分带动学生思考，为使教学方法多元化加入了案例分析法、情景教学法、讨论法、体验学习等方法，保证了教学效果。通过多元化的教学方法，学生能够沉浸式体验拓展训练项目的趣味性及育人性。

六、思政成果

本次案例的课程思政元素体现在学生的心得体会中，具体如下：

同学A：在项目实施的过程中，我们经历了团队发展的四阶段——形成期、动荡期、规范期和高效期，并认真反思每个成员在团队发展的不同阶段应该怎么做，应发挥怎样的作用。

同学B：要学会感谢对手，他可以给你很大的刺激，促使你有更好的表现。

同学C：当团队一直处在低迷的状态下，大家要放下包袱，抱着“不抛弃、不放弃、不抱怨”的心态来迎接挑战。

| 案例13 |

先行后知　素质拓展——毕业墙

一、教学内容

毕业墙是拓展训练的经典项目之一。是一项发掘学生潜能、增强团队内部合作精神、提高团队凝聚力、提高团队整体运作能力的活动，可以使学生理解个人目标与团队目标的关系，只有团队获得胜利才是真正的胜利。

二、教学目标

（一）知识目标

（1）通过观看线上视频，了解毕业墙项目的技术要点以及注意事项。

（2）理解团队目标与个人目标之间的关系。

（二）能力目标

（1）通过线上视频的观看学习，能够将理论转化为实践，能够科学评估团队的实力并勇于实践，不断创新。

（2）认同个体差异性，合理利用资源。特别是要培养对差异的理解以及合理利用差异性的能力。

（三）思政目标

（1）增强团队成员的责任心和相互信任感；培养团队成员的奉献和牺牲精神。

（2）面对困境，要团结一切可以团结的力量，善于分析把握团队成员资源，根据个人条件不同进行合理的分配和策划，从而保证每个人都能翻越毕业墙。

三、教学重点、难点

（一）教学重点

（1）“毕业墙”技术要点及注意事项。

（2）团队协作精神，相互信任、资源合理分配资源的能力。

（二）教学难点

（1）培养敢于接受挑战，勇于翻越毕业墙的挑战者精神。

（2）在短时间内能够充分利用资源，确保每位队员都能够翻越毕业墙。

四、教学设计

<table>
<tr><td>教学主题</td><td colspan="5">学习“毕业墙”拓展训练技术</td></tr>
<tr><td>教学任务</td><td colspan="5">1.完成拓展训练的技术练习；2.培养相互信任、敢于接受挑战、甘于奉献、团队协作的能力</td></tr>
<tr><td rowspan="2">教学部分</td><td rowspan="2">教学内容</td><td rowspan="2">组织教法</td><td colspan="3">运动负荷</td></tr>
<tr><td>次数</td><td>时间</td><td>强度</td></tr>
<tr><td>开始部分</td><td>1.集合整队，检查出勤人数
2.师生问好，登记出勤情况
3.宣布本次课的内容和任务
4.检查着装，安排见习生</td><td>1.组织：四列横队
如图：**********
****
oooooooooo
oooooooooo
◎
要求：集合快静齐，声音洪亮
队形：密集队形
要求：上体保持正直，跟脚有力，动作整齐</td><td></td><td>2～3分钟</td><td>小</td></tr>
</table>

续表

准备部分	1.课堂情景导入 2.一般性准备活动 （1）肩部肌群、下肢肌群拉伸 （2）臀部肌群拉伸 （3）大腿前侧肌群拉伸 （4）小腿后侧肌群拉伸 （5）提踵（直膝+屈膝） （6）开合跳+触地击掌跳	1.组织：以同心圆为单位 教法：模拟情景：所有人乘坐一艘大船在海上航行，夜里，正在我们熟睡之际，突然底舱燃起了熊熊大火，警报把我们从睡梦中惊醒，上到甲板上的路已经被大火阻断，唯一可以通向外部世界的只有货舱，但是货舱没有楼梯可走，只有一面高达4米的墙壁，大家想要活下来，必须翻过这面墙壁 要求：学生注意力集中，沉浸式感受教学内容 2.组织：同上 教法：跟着口令、教师镜面领做，学生集体练习，教师语言提示 要求：活动到位，充分激活拉伸各部位肌肉群	每节4×8拍	3~4分钟 4~5分钟	小 中
	1.分组讨论口号及队名 全班分为4组，每组9~10人，运用团队智慧构思出队名与口号，并用洪亮的声音整齐地喊出来 2.学习“毕业墙”训练技术规则： （1）当我们攀爬的时候，也许会采用搭人梯的方式，免不了要相互踩踏，为了避免受伤，应遵守“三不”原则，即头部、脖子、腰椎三个部位不能踩；能踩的部位有两个，一个是大腿在形成弓步之后的根部，第二个是肩膀的里侧，即使可以踩，也要匀速去踩，逐渐加力，不要突然发狠力 （2）如果在求生的过程中需要拉拽，必须遵照正确的连接方式，而唯一正确的连接方式是“互攥手腕”	1.组织：四列横队 如图：********** ********** ◎ oooooooooo oooooooooo 教法：教师规定时间，提出的口号及队名要具有拼搏精神、体育特色以及爱国情怀，积极并富有正能量 要求：学生团队合作，具有创新性及集体荣誉感 2.组织：四列横队 如图：* o o o o o o o o o o o o o o o o o o o o ◎ 教法： （1）教师讲解项目步骤 详细说明并示范攀爬、拉拽、保护的动作要领 （2）教师讲解项目的注意事项	依学生掌握情况而定	4~5分钟 20~25分钟	中

续表

<table>
<tr><td>基本部分</td><td>3.当大家搭成了两三层的人梯之后，最顶端的人很有可能因为没有站稳而倒下来，所以大家要保护他们，大家和教师学习保护方法，叫作“大圆石保护法”
4.遵从指令原则，也就是对于老师出发的指令不容置疑的原则，在项目的训练过程中，只要听到教师的哨子响了，大家要立刻像“断电”一样停止操作
5.禁止“野蛮装卸”。在拉人向上的时候，一定要匀速、逐步地加力</td><td colspan="2">（3）组织项目开始
（4）项目结束后小组进行分享，组员根据自己的角色，分别对自己以及其他成员进行评价</td><td></td><td></td><td></td></tr>
<tr><td>结束部分</td><td>1. 集合整队，总结提炼
2.在优美歌曲伴奏下，组织学生拉伸
3.归还器材，师生道别</td><td colspan="2">组织：**********
****
oooooooooo
oooooooooo
◎
教法：利用瑜伽动作，调整呼吸，拉伸上下肢肌肉群，动作舒展优美
要求：放松时要心情平静</td><td></td><td>3～5
分钟</td><td>小</td></tr>
<tr><td>场地器材</td><td>安全垫两块、整理箱一个（存放同学们身上的硬物：眼镜、手机、手表、手镯、发卡等）、毕业墙</td><td>预计运动负荷</td><td colspan="4">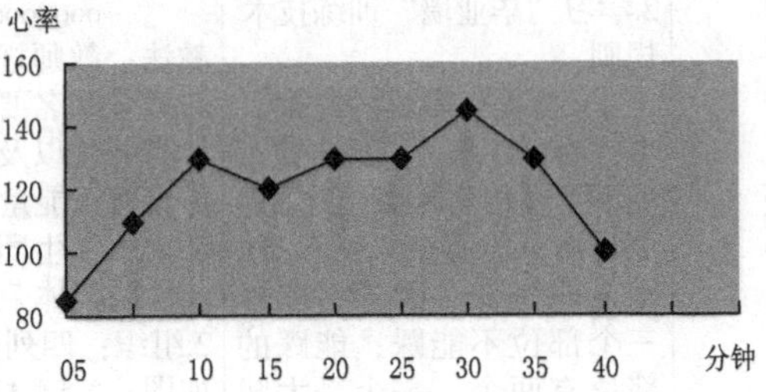
</td></tr>
<tr><td>安全措施</td><td>1.课前检查场地器材
2.检查学生身体状况
3.安排见习生，实时关注动态
4.课上进行安全教育，语言提示</td><td>练习密度</td><td>30%～35%</td><td>预计心律</td><td colspan="2">120～130次/分</td></tr>
</table>

续表

课后小结	教学小结：通过在“师范体育”课程中导入素质拓展训练，在以“OBE——成果为导向”教育理念的指导下，融入情景教学法、案例教学法、讨论法、体验式学习、线上线下混合式等多样化、科学化的教学方法，最大限度地调动师范生参与课堂的积极性，激发其主体作用的发挥，并将课程思政内容浸润到课堂之中，将德育、智育、体育有机融合，培养优秀的师范生、 建议：在“师范体育”课程中加入素质拓展训练，素质拓展训练主要是一种体验式的学习，利用地面、中空、高空精心设置一系列新颖的项目，由于场地项目设置的器材较多，且对师范生具有极大的吸引力，所以课堂组织上要注意保证学生的安全，在教师的有序组织下开展教学活动

五、教学方法

本案例教学过程中采用情景式教学法，让学生沉浸式体验本次教学的内容，整个教学过程采用问题导入、引导分析等互动式的教学方法，充分培养了学生主动思考、集体讨论、勇于创新、敢于实践的能力。在实践后，教师通过提问法，帮助学生进行归纳总结，对本次教学案例中蕴含的课程思政元素进行升华提炼，充分发挥在素质拓展项目过程中推行的“先行后知”教学理念的作用，力求将课程思政元素做到入耳入心入行。

六、思政成果

以下是拓展训练结束后学生所获得的心得体会。

同学A：平常的生活工作中自己也许会有点小任性小调皮，可以由着自己的性子随意做点什么，但是到了真正的“战场”中，在面对眼前的“千军万马”时还能由着自己的性子吗？当教练一声命令下达后，容不得你做思考，更容不得你说不，在“战场”上“军令如山”，只要收到命令就必须执行而且要出色地完成。在被家长宠爱的我们中，又有多少人可以设身处地地为别人着想呢？总认为自己才是世界的中心，才是众人的焦点，但是通过此次培训我知道了这种想法是错误的、是偏向的，一个人不能只想着自己而不考虑整个团队的利益。

同学B：通过这次团队作业的项目，让我们充分地了解到了团队的重要性，要想求生存求发展只靠个人的力量是远远不够的，还要依靠整个团队的力量。

同学C：在所有项目完成后我们要翻过高四米二的毕业墙，全体同学都要翻过这个毕业墙，多么让人振奋啊，很多同学主动搭人梯让我们成功翻越，他们舍了小我成就了大我，这种精神是值得我们学习和歌颂的。

| 案例14 |

以舞创美　美美与共——健美操舞动作创编

一、教学内容

以舞创美　美美与共——健美操舞动作创编。

二、教学目标

（一）知识目标

（1）通过线上理论知识学习，理解操舞技术动作创编原理，能够掌握操舞动作创编的元素构成。

（2）理解不同轻器械背后蕴含的文化内涵，建立“音乐+动作+队形”三点有机融合的创编理念。

（二）能力目标

（1）通过线下课堂实践，能够将线上操舞创编的理论知识转化为分组创编的实践能力。

（2）通过操舞的创编、展示，提升师范生团队协作能力、创新能力以及发现美、展现美的能力。

（三）思政目标

（1）通过持不同轻器械进行操舞的创编以及展示，树立“学高为师、德高为范”的职业理念。

（2）通过道具以及活泼可爱的舞蹈，激发学前师范生的“童真与童趣”，使其明白应该用爱心与责任承担职业的使命，肩负为祖国的未来培养人才的重任。

三、教学重点、难点

（一）教学重点

掌握持不同轻器械进行舞蹈创编的技术要点、音乐选取、文化内涵，理解团队协作与创新的重要性。

（二）教学难点

能够将团队创编的舞蹈完美地呈现，并彰显每位师范生的自信心与特点，了解持不同轻器械进行舞蹈创编背后所蕴含的文化内涵。

四、教学理念

目前，应用OBE理念改进人才培养模式与教学质量保障体系及推进工科、商科专业认证，已成为应用型本科高校的关注热点，并形成了大量理论与实践成果。OBE（outcomes-based education）意为“以结果为导向的教育”。在OBE理念的基础上，结合师范体育专业的特色和毕业需求，整合出“以体育人、理实结合、学生中心、成果导向”的教学理念。

五、教学策略

思路一：在教学设计过程中，注重OBE教学理念的引领，坚持“学生中心、成果导向、持续改进”，教师发挥课堂的主导作用，以启发式教学形式展开，采用任务驱动法，抛出问题，由师范生通过线上自主学习→线下小组构思→探讨→创编→实践→展示→评价→总结提炼，充分发挥师范生在课堂上的主体作用；在教学产出中，注重成果导向，与师范生的培养目标、就业需求相结合，课堂上所学知识要转换成就业成果的展示，提高师范生的职业素养；在课堂教学前，由师范生线上学习创编相关知识，线下课堂上进行讨论与实践，在实践过程中，教师巡回指导，与师范生产生思想火花碰撞，持续改进创编方案，最后以小组形式完美展现。但这并不代表这节课结束了，还有课后的拓展，应结合专业需求进行符合学前儿童的操舞动作创编，通过课前自主学习+课中小组实践+课后持续拓展，将所学知识不断实践，持续改进。

思路二：将课程思政元素有机融入教学过程中，力求做到“随堂潜入心，润魂细无声”，注重知识传授、能力培养和价值引领，课前通过自主学习，激发师范生自主学习探索的能力；课中通过小组创编与展示，彰显师范生团队协作、敢于创新、展示自我、引领示范的能力；在师生互评、生生互评中，激发师范生善于发现美、敢于表达想法、公平公正的精神；持不同轻器械进行不同操舞元素的创编，挖掘轻器械背后的寓意，彰显文化内涵，每段操舞创编背后都蕴含着独特的文化特色与思想碰撞的火花，真正意义上体现师范生“学高为师、德高为范”的特点，师生共同打造“有创新、有温度、有情怀、有责任”的四有课堂。

六、教学设计

教学环节	教学内容	教学活动		思政元素
		教师	学生	
开始部分	集合整队 安排见习	1.集合整队，师生问好 2.宣布本次课的内容和任务 3.检查着装，安排见习生	集合快静齐，声音洪亮，上体保持正直，动作整齐	树立规则意识，培养尊师重道的情怀
准备部分	1.热身游戏 “兔子舞”	教师通过口令及动作示范讲解，师范生进行模仿练习	学生注意力集中，快速做出与口令相对应的动作并能够整齐响亮地喊出口令	创造团结友爱、青春活泼的教学氛围，激发学前师范生的“童真”与“童趣”
	2.专项活动 “就现在” 热身操舞	1.教师领做，师范生跟练 2.鼓励师范生领做，教师语言提示	领做者身体挺拔、笑容洋溢，动作规范、优美有力度	鼓励师范生敢于展示自我，善于展现美与自信心

续表

教学环节	教学内容	教学活动		思政元素
		教师	学生	
基本部分	1.介绍操舞动作创编包含的要素 （1）轻器械 （2）音乐 （3）动作	教师讲解，线上资料展示与启发性提问，鼓励师范生发散思维，勇于联想	师范生回顾线上自主学习内容，课上勇于发散思维、敢想敢表达	增强师范生自主学习、积极探讨的能力
	2.头脑风暴 你问我答 小组商讨	教师提问： 1.每个轻器械所代表的寓意是什么 2.不同的轻器械所选取的音乐具有怎样的风格 3.根据相应的轻器械、音乐，我们该创编怎样的舞蹈动作	师范生回答： 1.花球代表青春、花环代表团结、鲜花代表美好 2.花球节奏欢快、花环磅礴大气、鲜花优美舒缓 3.花球活力俏皮、花环刚柔并济、鲜花优雅美丽	通过问答互动的形式，让师范生联想“青春、团结、美好”等正能量的字眼，发掘轻器械背后的寓意，提升操舞创编的内涵
	3.勇敢实践 团队协作 探索实践 勇于创新	教师巡回指导，启发性提出问题与建议	师范生进行小组创编实践，并不断探索寻求精彩的展示成效	将理论知识与实践相结合，团队协作，勇于创新、敢于实践，将思想转化为实践能力
	4.展示风采 分组展示 生生互评	教师欣赏、点评、鼓励师范生进行生生互评	分组展示，将表现力、音乐、动作有机融合，三组之间进行互相点评	勇于接受挑战、敢于展示风采，彰显师范生的自信；生生互评，培养师范生发现美、赞扬美的能力
结束部分	1.集合整队、总结提炼 2.布置课后拓展内容 3.归还器材、师生道别	教师启发，提问本节课的内容收获	师范生通过思考得出技能教学背后蕴含的育人元素	对本次课堂内容进行梳理总结，帮助师范生树立全局观、加强职业素养，培养其责任感、使命与担当

教学评价与反馈

1.教学分析：教学内容的选取应符合师范生的认知水平，教学实践成果的展示要能鼓励师范生往上“跳一跳才能够得着”，通过团队协作，创新实践、持续改进，完成精彩展示。

2.教学目标确定：90%的学生能够掌握操舞动作创编的技术要点，实现适用于幼儿园教师进行操舞创编的运用，解决“个人能力强、团队协作创新意识不强”的问题，提高学前师范生“学高为师，德高为范”的职业素养，强化使命及责任担当。

3.教学策略：通过线上线下混合式、任务发布式、启发式、小组探讨实践式等多元化的教学方法，充分展现师范生的主体地位，促进师范生进一步提高自主学习的能力、实践能力、创新能力、团队协作能力。

4.教学特色：教学设计中，通过课前发布线上学习的任务，提高师范生自主学习的能力；通过课中融入情景式教学，扮演“小兔子”进行兔子舞游戏，激发师范生的童真与童趣，感受课堂的欢快氛围；通过师范生领操环节，鼓励师范生勇于展示自我；通过小组协作、讨论、实践的方式，发挥师范生在课堂中的主体作用，激发师范生团队协作、勇于创新、勤于实践、持续改进的学习热情；通过分组展示，培养师范生敢于展示自我的能力，起到引领示范的作用；通过生生互评环节，培养师范生善于发现美、赞扬美、学习美的能力；通过教师的启发式发问，师范生集体提炼归纳，总结本次课程的教学内容以及思政育人元素。

教学反思

通过采取课内外与师范生交流，通过学习通群聊、QQ、微信等多种形式进行反馈，师范生普遍认为本节课内容有趣，享受师范体育课程的乐趣，感受到了“寓教于乐”，但同时也感受到挑战。通过任务的发布，师范生需要通过团队协作、创新突破、实践展示来完成挑战，在整个过程中，他们深刻了解到作为一名未来的幼儿园教师，是需要充满爱与责任感的。

1.80%的学前师范生都有着较强的实践技能，但仍有少部分同学实践技能相对较弱，创新意识不强，在团队创编过程中，更多的是“别人怎么说，我就怎么做”，未启发自身的思考。因此在教学过程中，还要注重个体差异性，坚持“一个都不能少”的原则，发掘每位学前师范生的特点，采用鼓励式教育，创造机会进行个人亮点展示，帮助每位学前师范生建立自信心，引导其成为一名优秀的幼儿园教师。

2.“师范体育”作为师范专业开展的必修核心课程，相对非师范生的体育课程，课堂教学不仅要提高师范生的教学技能，更应该注重美好品德的养成，力求做到“学高为师，德高为范”将课程思政元素“随堂潜入心，润魂细无声”式地有机融入课堂教学中，课程思政融入点能与每位师范生产生共鸣，这是一个教学相长的过程。应注重启发式教学，教师主导，以师范生为中心，二者共同打造“有特色、有深度、有挑战”的师范体育课堂。

课堂教学照片

兔子舞游戏

课前热身

分组讨论

花环组展示

鲜花组展示

花球组展示

个人展示

小组互评、生生互评

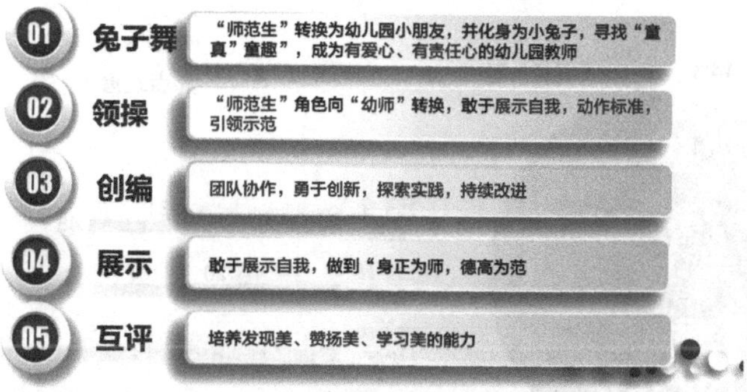

01
兔子舞
“师范生”转换为幼儿园小朋友，并化身为小兔子，寻找“童真”童趣”，成为有爱心、有责任心的幼儿园教师
02
领操
“师范生”角色向“幼师”转换，敢于展示自我，动作标准，引领示范
03
创编
团队协作，勇于创新，探索实践，持续改进
04
展示
敢于展示自我，做到“身正为师，德高为范
05
互评
培养发现美、赞扬美、学习美的能力

总结提炼

感谢同学们创造了“有乐趣、有挑战、有创新、有温度”的四有课堂，
希望每位学前师范生都能成为一名“身正为师、德高为范”的优秀教师！

润物无声

七、思政成果

（一）课后学生的心得体会

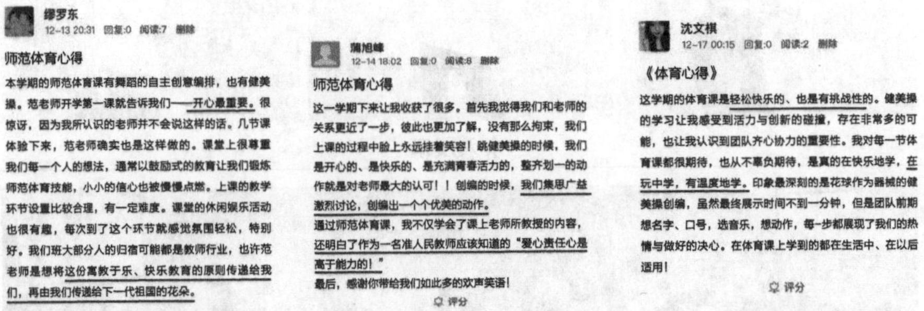

缪罗东
12-13 20:31 回复:0 阅读:7 删除

师范体育心得

本学期的师范体育课有舞蹈的自主创意编排，也有健美操。范老师开学第一课就告诉我们——开心最重要。很惊讶，因为我所认识的老师并不会说这样的话。几节课体验下来，范老师确实也是这样做的。课堂上很尊重我们每一个人的想法，通常以鼓励式的教育让我们锻炼师范体育技能，小小的信心也被慢慢点燃。上课的教学环节设置比较合理，有一定难度。课堂的休闲娱乐活动也很有趣，每次到了这个环节就感觉氛围轻松，特别好。我们班大部分人的归宿可能都是教师行业，也许范老师是想将这份寓教于乐、快乐教育的原则传递给我们，再由我们传递给下一代祖国的花朵。

蒲旭峰
12-14 18:02 回复:0 阅读:8 删除

师范体育心得

这一学期下来让我收获了很多。首先我觉得我们和老师的关系更近了一步，彼此也更加了解，没有那么拘束，我们上课的过程中脸上永远挂着笑容！跳健美操的时候，我们是开心的、是快乐的、是充满青春活力的，整齐划一的动作就是对老师最大的认可！！创编的时候，我们集思广益激烈讨论，创编出一个个优美的动作。
通过师范体育课，我不仅学会了课上老师所教授的内容，还明白了作为一名准人民教师应该知道的“爱心责任心是高于能力的！”
最后，感谢你带给我们如此多的欢声笑语！

评分

沈文祺
12-17 00:15 回复:0 阅读:2 删除

《体育心得》

这学期的体育课是轻松快乐的、也是有挑战性的。健美操的学习让我感受到活力与创新的碰撞，存在非常多的可能，也让我认识到团队齐心协力的重要性。我对每一节体育课都很期待，也从不辜负期待，是真的在快乐地学，在玩中学，有温度地学。印象最深刻的是花球作为器械的健美操创编，虽然最终展示时间不到一分钟，但是团队前期想名字、口号，选音乐，想动作，每一步都展现了我们的热情与做好的决心。在体育课上学到的都在生活中、在以后适用！

评分

图1　学生心得体会截图

（二）本次课程的满意度反馈

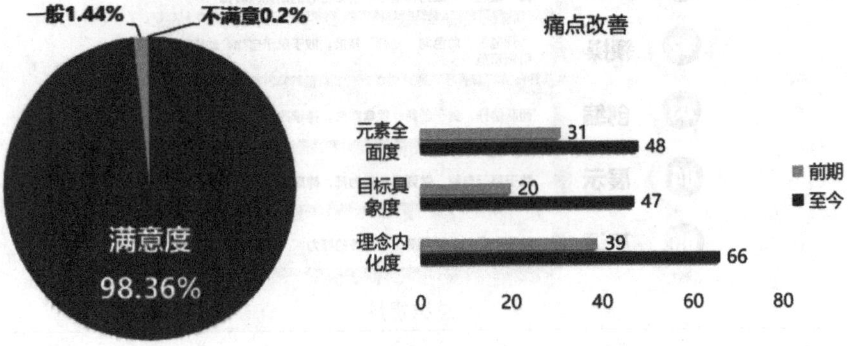

图2　本次课程满意度调查

| 案例15 |

服务地方　助力乡村振兴——研学课程

一、教学内容

针对慢病、高风险人群以及慢病患者基于所生成的运动处方，开展主动的健康服务，课程团队由国家级社会体育指导员以及国家级运动处方师构成，定期开展功能性康复训练、有氧健身操、太极柔力球等运动干预课程。通过运动干预、行为纠正以及健康教育等手段，帮助患者降低指标，恢复健康，帮助未患者预防损伤，增强体质。

（一）动静结合——功能性康复训练

通过运动功能性动作筛查，筛查出“已患病”老年人存在的肩关节、膝关节以及踝关节的损伤和“未患病”但存在运动损伤风险的人群，基于此，团队成员制订相应的“运动处方”，帮助老年人进行科学有效的运动损伤部位的功能性康复训练。

图1　功能性康复训练

（二）活力四射——有氧健身操

有氧健身操是指在音乐的伴奏下，以身体练习为主要手段，团队教师根据衢州地方文化特色，创编“南孔有礼操”，根据溪口竹文化，创编“竹编舞”，起到以舞创文、愉悦身心、增强体质、改善形态、提高心肺功能的作用。

图2 有氧健身操

（三）刚柔并济——太极柔力球

太极柔力球是中国人发明的一项传统运动，“太极”是这项运动的基础。太极柔力球圆弧轻画，看似软弱无力、轻松自在，然力度拿捏、方位掌握均耗损巨大，一场球下来，轻则汗流浃背，重则腰酸腿软，这项运动很受老年人的喜爱。

图3 太极柔力球

（四）身心合一——瑜伽

瑜伽是一种运用古老而易于掌握的运动方式，可以使人们生理、心理、情感和精神和谐统一。通过结合老年人的心理以及体质特点，教师团队成员在已有的瑜伽套路的基础上，简化和融入了更多有利于老年人身心健康的瑜伽套路。

图4 瑜伽

二、教学目标

（一）知识目标

（1）通过结合浙江省未来乡村老年人健康理论知识和实践需求，建立针对老年人健康管理的理论和实践知识体系。

（2）将师范生所学习的体育理论知识运用到各地的普惠教育中，服务地方，扎根基层。

（二）能力目标

（1）老年人学会功能性康复训练和健身操等项目，能够自行锻炼，养成运动习惯，并能通过线下课堂实践。

（2）师范生掌握将理论转化为实践的能力，做好由学生向教师的角色转换。

（三）思政目标

（1）引导老年人践行“掌握一项运动技能，享受一生健康生活”的健康生活原则，树立“健康在我、预防为先、科学健身、贵在坚持”的生活理念，激发老年人参与运动健身的自主意识。

（2）通过带领师范生在课后走入未来乡村，将所学习的知识运用到乡村振兴的广阔土地上，激发师范生教师职业的使命感及责任感。

三、教学重点、难点

（一）教学重点

师范生将在课堂所学习的体育理论与实践知识转化为教授未来乡村老年人的学习内容。

（二）教学难点

师范生不断丰富自身的知识储备，逐渐由学生向教师转换。

四、教学设计

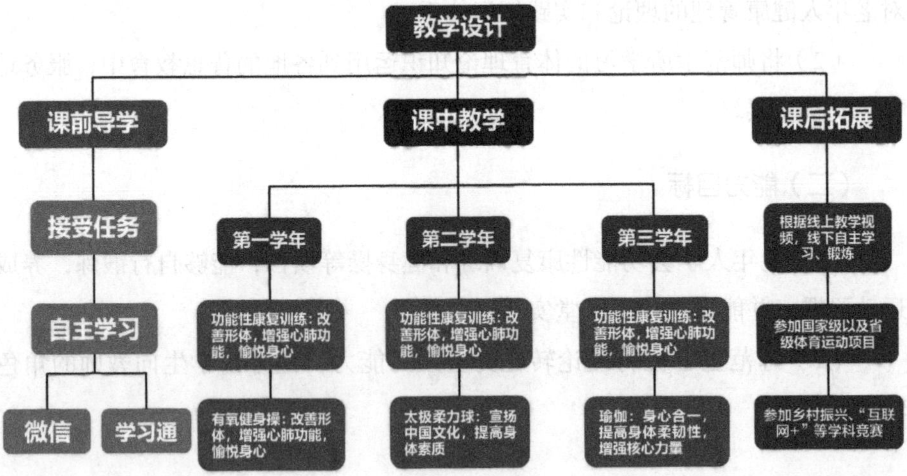

图5 教学设计示意图

五、教学方法

教学方法的开展是依据教授的对象（学习的对象均为老年人），通过体验式学习、情景导入法、小组协作讨论实践法、探究式学习法、项目式教学法，融入更多新颖的教学方法，最大限度地调动老年学员参与课堂学习的主动性和积极性，由被动接受知识转化为主动探索与实践，由老年学员个人学习体会转化为团队讨论与实践，鼓励老年学员动起来，充分发挥“老有所学，学有所乐”的精神，将舞台交给老年学员，充分发挥老年学员在课堂上的主体作用。

六、特色创新

（一）校地融合，实现教育资源共享

通过校地合作机制，将学校优质的教学资源服务于溪口未来乡村，在“健康中国”的大背景下，带领未来乡村中的老年人进行科学锻炼，使其身心健康。

（二）数字融合，实现智慧健身普及

依托未来乡村智慧化建设，将课程内容与VR技术融合，并开发健身健美、瑜伽、舞蹈等十余门线上体育数字课堂，让未来乡村居民在家也能体验智慧健身服务。

（三）赛训融合，实现康养竞赛一体化

本课程在教授老年人体育健康知识和运动技能之余，也能帮助老年人提高体育竞赛水平。课程之余参加各类赛事活动，未来乡村居民组建的柔力球团队，在2022年获得国家柔力球比赛三等奖、2023年浙江省第九届木球锦标赛团体第五等成绩，2014年，师范生通过体医融合项目，助力乡村的模式获得省级乡村振兴金奖。

七、教学实施

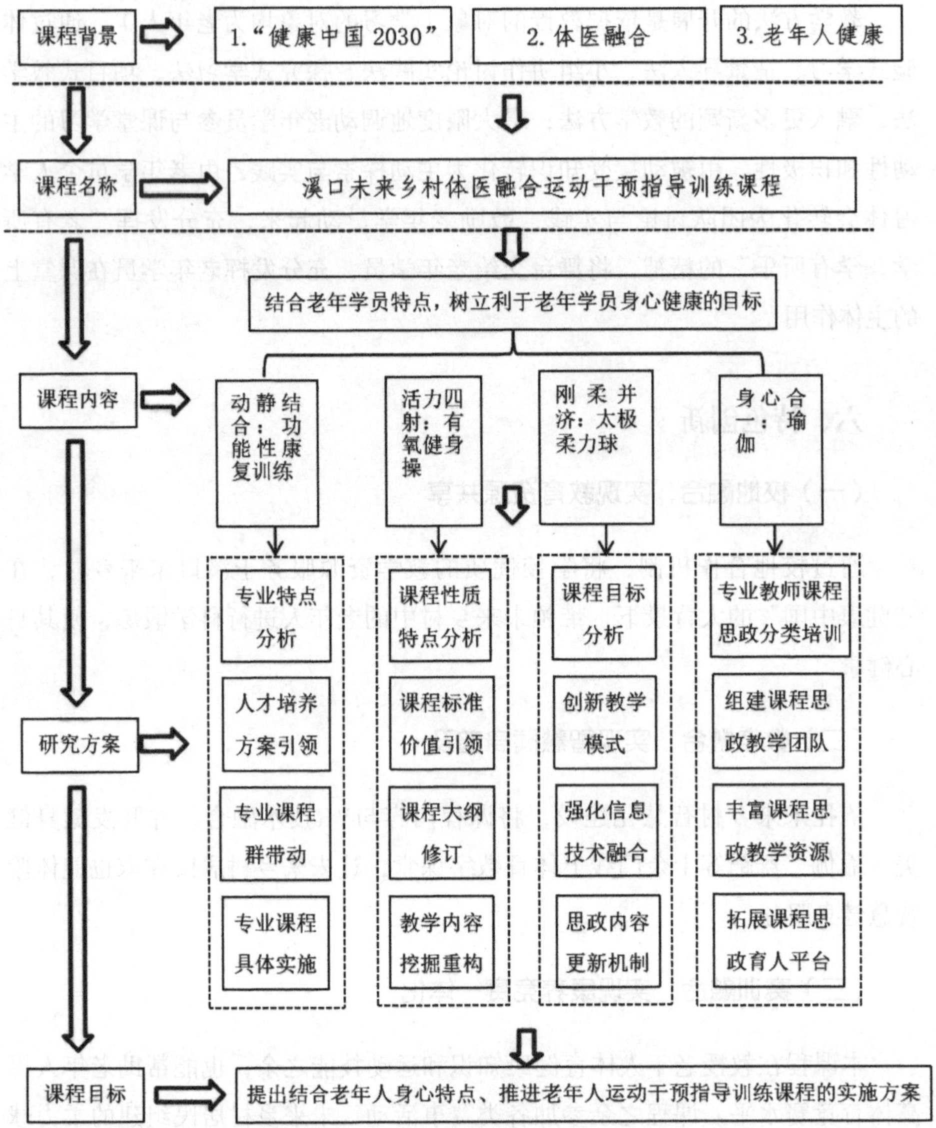

图6 教学实施结构图

八、思政成果

（1）乡村老年学员口口相传喜爱的课程，使得参与课程的老年学员不断增加。

（2）带领“体医融合”团队服务于未来乡村建设，助力乡村振兴，获得光明网、学习强国平台、浙江省教育报等多家媒体的宣传报道。

（3）带领溪口未来乡村柔力球团队获得国家柔力球比赛三等奖以及衢院体医融合团队获得省级乡村振兴比赛金奖等优异成绩。